외워서 하는 사랑 말고

정보영

시인의 말

그런데 사랑은 어떻게 하는 거지?

외워서 하는 사랑 말고

2025년 가을

정보영

외워서 하는 사랑 말고

차례

1부 물결처럼 번져 간다

그립	11
썸머타임	14
상영관	17
소나무와 천사	19
깜짝 지난여름	21
하늘과 구름	24
휴양	27
귀 기울여 듣는 여름	31
음 소거 습관	33
내내	35
해열	38

2부 그렇게 희곡은 시작한다

평양냉면 먹기	41
미야코지마	43
화곡	47
귤의 알고리즘	51
한겨울에 우유 데우기	54
과일잼 굿나잇	58
모자이크	60
작고 넓은 방	63
에디슨 효과	66
어느 날	68

3부 바닥은 그림자놀이를 한다

빈티지	73
왼쪽 눈에 점안하세요	77
선반 분실 신고	80
지난밤 얻은 감기가 아직 목덜미에 젖어 있어요	83
누	86
캐터필러	89
동시다발	93
친구와 지하철	96
리버풀과 브룩스	101
미래에게	107
들	110

4부 여름이 쏟아져 있었다

행방	115
오늘내일	118
어제오늘	120
밤의 그늘은	123
연회석 완비	128
캘린더 넘기기 Φ	130
자작나무 껍질에서 유서가 자라난다	139
홀연한 숲	141
수몰	145
에즈	148
레스	151
세상의 모든 안녕	155

해설

우리가 보낸 한 시절을 오직 기쁨만으로
이야기할 수는 없을 것이다.　　　　　161
　—임지훈(문학평론가)

1부
물결처럼 번져 간다

그립

전시회의 하얀 스크린에
공원이 비쳤다
거기엔 벤치 하나가 덩그러니 놓여 있었고

잎사귀 무성한 나무 그늘의 윤곽선 앞
여름이 넘칠 듯 빛나고 있었다

호수에서는
아름다운 클래식 음악에 맞춰
분수의 물이 날아오르고

나는 공원 벤치에 앉아 있는 것만 같았다

느껴 본 적 없는 하늘 아래
그 여름을 향해
손을 뻗었다

싱싱한 잎을 따서 품에 간직하고 싶은데,

나의 옷깃 아주 깊은 안쪽
이파리가 움트는 것이 생생히 느껴졌다

잎사귀 끝에서 끝으로
뚝뚝 빗방울 떨어지고

나는 내가 점찍어 놓은 곳에 떨어지는
빗방울을 바라보았다
피아노 건반을 누르는 감각처럼

차오르는 초록 잎과 눈 감은 바람과
공명하는 두 개의 그림자

여름 쪽으로 흘러가다가
이미 쥐어 본 적 있는 여름이란 걸 알았을 때
마음에선 나무 냄새가 났다

지면이 젖은 공원에

햇볕이 드리웠다

천장에 달린 프로젝터를 바라보자
눈부신 빛이 쏟아져 나왔다

하얀 스크린에는 한 번도 본 적 없는
그림자 하나가

덩그러니 남아 있었다
엎질러진 물처럼

여름이 쏟아져 있었다

썸머타임

검은 봉지에 자두를 담아 집으로 간다
장마가 끝난 골목에는
더운 공기가 가라앉아 있다

자두를 한입 베어 물자
시큼한 물이 바닥에 떨어진다
가로등 아래 핏빛 웅덩이를 본다

여름에는 옷이 짧아지고
  친구 애인은 방에 쪼그리고 앉아 매니큐어를 바르고, 친구는 샤워를 한다 원룸에 얹혀사는 나는 옷가지를 개고 옷 냄새를 맡아 보고

여름이니까 괜찮아

불 끄고 누워 냉장고 돌아가는 소리를 듣는다
여름밤에는 자꾸 뒤척이게 되고
며칠간 뒤집어 널어도 마르지 않을 방

슬며시 이불이 둘 쪽으로 끌려간다
어둠은 포개진 너희의 표정을 떠올리게 한다

마지막으로 먹은 과일이 뭐였지?

나는 모기 물린 부위를 긁지도 못하고
얕은 수면 위에서 아낄 수 있는 목록을 떠올린다

냉장고에 붙은 치킨 쿠폰 아홉 개
 냉장고 안에는 먹다 남은 감자튀김, 유통 기한 지난 홍삼정, 필라이트 몇 캔, 자두 몇 알…

꿈결 속에서 모든 저녁은 자두만 해져서
 한입 베어 물기에 딱 알맞았다
 나는 잘 익은 저녁을 따서 품에 넣었다

자두를 씹을 때마다

손을 타고 흐르는 과육

버려진 화분뿐인 골목에서
쨍쨍 매미는 울고

아침이면 싱크대에 버려진
자두씨 몇 개

살 발라진 자두씨가
주머니 가득 쌓이는

여름
밤마다

말캉한 자두를 크게 한입 베어 물었다.

상영관

반듯하게 앉아 사랑하고 있는데
묘한 일이지

네 옆모습은 식탁 위 물컵 같아
눈 감으면 밝아지는 촛불이 흔들린다

영화는 지루하고 재미없고 당신은 말끔하고 정중하고 정갈하다
어제였던가 우리는 언젠가 마주 앉아
생일 축하해 아주 근사한 새벽을 흘려보내곤 했지

관객들이 웃는다 상자에 담긴 팝콘들
어제로 바꾸고 싶어 왜냐고 물으면
왜라고 답하고 싶어 널브러진 머리카락을 모아 버리고 나면 금세 차가운 기운이 돈다

영화관에 앉아
상영이 시작되면 감쪽같지

온 동네가 정전된 것처럼

의자에 앉아 의자에 의지한다 의자는 아직 의자고
의자는 언제까지고 의자일 수 있는 의도와 방향이 있다
눈을 감은 너는 해야 할 고백을 되감고 있다

의자는 머물러 있고 우리는
반듯하게 앉아 영화가 끝나지 않길 기다린다

촛농 떨어지면

전자레인지 안에 끓어오르는 카레
몇 년째
머물러 있는 신발들

소나무와 천사

 어떻게 자라났는지 설명이 어려운 소나무를 보면 말보다 먼저 여름이 온다. 공예 철사로 수형을 잡고 작은 화분에 심은 키 작은 소나무. 햇빛이 잘 드는 곳에 화분을 놓아둔 우리는 흙이 마르지 않게 물을 주었다. 열린 창문 사이로 흙냄새가 날아왔다. 하늘엔 무수히 펼쳐지는 흰 구름. 분재는 잘 가꾸면 영원히 살 수도 있대. 3대 쇼군이라는 일본 분재는 오백 년도 더 넘었대. 우리는 말했고 우리는 웃었다. 소나무에서 새순이 돋아났다. 갈라진 것에서는 나누고 싶은 이야기가 있고 우리는 부드러운 새순을 만지며 골목에서 산으로 옥상에서 카페로 끊이지 않고 이야기를 나누었다. 어느 날 우리는 소나무 잎의 끝을 매만지며 물었다. 여기 천사가 앉을 수 있을까? 조각난 햇살 안에 우리의 손과 소나무가 있었다. 뾰족한 끝은 섬세하니까 춤도 출 수 있을 거야. 나뭇가지 끝이 흔들렸고 우리는 서로의 발을 간지럽혔다. 우리는 소나무와 천사라는 말이 좋아서 소나무가 되었다가 천사가 되었다가 눈부신 풍경을 나눠 가졌다. 빛이 기울었을 때, 천사는 언제까지 살 수 있는지. 남겨진 소나무의 웃자란 가지 끝을 꺾어 소나무를 엉망으로 해 놓아도 천사는 머물러 있고. 분명 우리는 천사를 손바닥 위에 올려놓고 웃은 적이 있다. 창밖을 보면 모든 구름은 하나가 되고. 천사가 울기 시작할 때. 눈을 감고 귀를 막는다 해도 언제 또 자라났는지, 울창한 소나무 가득한 여름. 입을 다문 여름은 이제 분갈이할 마음이 필요하다. 여름이 자라난다. 한번 모양이 잡힌 소나무는 그대로 계속 모양을 유지한다는데.

깜짝 지난여름

북향인 방은 낮이 부끄럽습니다.
창가에 감도는 볕.
어둑어둑한 낮입니다.

형광등 갈아 끼우고 불을 켭니다.
형광등이 금방 또 깜빡입니다.
이런 빛을 본 적 있습니다.

치즈으.
모든 순간을 기록하겠다고 애인은 선언했습니다.

한쪽 눈을 감은 애인과
방이 번쩍거립니다.

세계 맥주에 빨대를 꽂아 은근하게 보내던
키득키득한 여름

서랍에 넣어 두었던 일회용 필름 카메라.

필름은 아직 몇 방 더 남아 있고

멀어졌다 가까워졌다를 반복하는 확성기 소리. 고장 난 가전 산다는 트럭이 동네를 배회합니다.

손깍지하고 누워 해 지는 동안
아무 일도 일어나지 않습니다.

얼음을 입에 넣고 동동 굴리며 셔터를 누릅니다.
번쩍하는 순간 방은 또 낯설고 밖은 붉고 방은 벌써 캄캄하고 아직도 필름은 남아 있고

다시 셔터를 누릅니다.
필름이 끝날 때까지
쏟아지는 빛

필름이 자동으로 감기기 시작합니다.
동그랗게 말리는 필름.

긴긴
여름

형광등 스위치를 켜 봅니다.
깜빡한 게 있다는 듯
가득한 빛

빛을 쥐었다 폅니다.
아무도 사라지지 못하게

필름 카메라를 열어 방을 꺼내 둡니다.

하늘과 구름

골목 끝에 이르러서야
떠오르는 흔적이 있다

있는지도 모르고 산 책
어쩌지 못해서 두 권인 책을

둘은 아무 페이지나 펼쳤다

 지구가 단추를 채우면 분갈이할 젖은 마음이 필요
하다
 우웩

 구름과 구름이 맞닿을 때
 포만한 여름은 부풀어 오르고

 집집마다 불이 들어와 어둠이 완성되면
 살결 맞대고

둘은 천둥소리 들었다
빛이 번뜩일 때 아주 잠깐 사라지지 않게 붙잡고 있는 손이 생겼다

풍경이 자주 깜빡거렸어
사랑이라 되뇌면서

가 보지 못한 나라에 대해
늘어놓는 동안

매운 음식을 잘 먹진 못했고
금방 배가 불렀어

딸기 맛 위장약을 빨아 먹으면서
히히

멈추지 않던 빗줄기
매달아 놓은 빨래는 마르지 않고

색색의 여름은 늘 새롭고
여름은 갱신되고

모서리에 맺힌 빗방울이 한 방울씩 떨어지고
다시 여름은 천천히 말라 가고

좋아한다 말하던 둘은
여름밤
창을 열어 둔 채 말했다

하늘은 검고
구름은 하얗다

휴양

 아름다운 휴양을 꿈꾸며, 스쿠버 다이빙을 하러 갔다. 바다에 들어가기 전에 기초 교육을 받았다. 농아 단체에서 온 열 명의 농아와 함께 수업을 들었다. 그들 중 몇은 숙련자였고 몇은 나처럼 초심자였다.
 이퀄라이징이 중요합니다. 손으로 코를 잡고 숨을 내뱉으세요. 수압에 적응하며 내려가야 합니다. 강사는 천천히를 강조했고 농아들은 그의 동작을 따라 했다. 나는 그들을 바라보았다. 농아들은 손짓을 주고받으며 고개를 끄덕이거나 웃기도 했다. 농아는 사람의 입 모양으로도 무슨 말인지 알아듣는다던데. 나는 아무렴 상관없었다.
 우리는 바닷속 십팔 미터까지 내려가게 될 겁니다. 수업은 더디게 진행되었다. 십팔 미터보다 더 아래로 내려가면 위험합니다. 강사는 설명하다 말고 농아들을 보았다. 그는 쇠막대를 양손에 들고 있었다. 트라이앵글을 치는 쇠막대보다 좀 작았다. 자, 두 개를 부딪혀 볼게요. 탁, 둔탁한 소리가 났다. 바닷속에서는 다를 겁니다.
 갖가지 설명을 들으며 지루한 오전을 보냈다. 이건 몸

상태와 수심을 체크할 수 있는 다이브 컴퓨터입니다. 손목에 차면 됩니다. 농아들은 쉴 새 없이 손짓을 주고받았다. 스쿠버 풀장에서 간단한 실습을 했다. 별거 아니군.

배를 타고 다 함께 먼바다로 향했다. 농아들은 여전히 부산했다. 햇빛 작열하는 바다는 유유히 일렁이고 있었다. 물결 위 빛이 반짝거렸다. 배의 엔진을 껐을 때 구름이 어떤 모양으로 뭉쳐지고 있었고 나는 잠시 눈을 감았다. 눈부신 어둠이 나를 감싸고 있는 듯했다.

오리발을 신고 잠수 마스크를 착용했다. 허리에 납까지 찼을 때 다이브 컴퓨터의 맥박 숫자가 올라갔다. 나는 강사에게 배운 간단한 수신호를 떠올렸다. 엄지와 검지로 동그라미를 만든다(오케이). 손등을 내밀고 좌우로 빠르게 흔든다(뭔가 잘못되었다). 엄지를 위로 하여 주먹을 쥔다(올라가자). 반대로 엄지를 내린다(내려가자). 손을 뻗어 위아래로 흔든다(진정하라). 심호흡했다.

첨벙! 바닷속으로 들어갔다. 몸이 한결 가벼워졌다. 배운 대로 잠수를 시작했다. 천천히 아래로 내려갔다.

입이 바짝 마르고 목이 칼칼했으나 이 정도쯤은 괜찮았다.

십팔 미터 지점에 이르렀을 때, 형형색색 물고기들이 내 주변에서 제자리 헤엄했다. 비늘이 바다에 깃든 듯이 한들거렸다. 엄청 큰 물고기를 마주했을 때 나는 잠깐 멍해졌다. 큰 물고기는 아래쪽으로 나긋이 헤엄쳐 갔고, 그곳에는 선미가 드러난 배가 있었다. 옆으로는 산호초가 있었다. 핏줄 같은 산호가 흔들거렸다. 사라진 것들은 모두 바다 아래에 있는 게 아닐까. 문득 생각하는데 쇳소리가 밀려왔다. 울리는 징의 표면을 만진 것만 같았다.

사람들은 강사를 따라 헤엄쳐 갔다. 계속해 쇠막대 진동이 느껴졌다. 저기서 산호가 손짓하고 있었다. 파동은 착각을 불러일으켰다. 바다가 내게 무얼 보여 주려는 게 아닐까. 오소소 소름이 돋았다. 나는 아래로 헤엄쳤다. 조금만, 그래 조금만 더 오면 된다고. 누군가 에코처럼 속삭였다. 난파선이 가까워지고 있었다. 내가 모르는 나의 잊힌 기억을 마주할 수 있을 것 같았고 나는 더 아래로 향했다. 어서 오라고. 하프처럼 부드러운 목소리를 들으며 헤엄쳐 내려갔다.

여러 명이 킥킥킥 웃는 소리가 들렸다. 위를 올려다보았을 때 검은 형체의 다이버들이 보였다. 온몸이 떨려왔다. 칠판 긁는 소리가 들려오는가 싶더니 멀리서 성난 파도가 부글부글 밀려오는 느낌이 들었다. 귓속이 터질 듯했다. 그 순간 누군가 내 곁으로 왔고 나는 도망쳐야 한다고, 더 내려가면 안 된다고, 빨리 여기서 나가야 한다고, 생각하며 손등을 내밀어 빠르게 흔들었다. 그 사람은 손을 뻗어 천천히 위아래로 흔들었다.

뭔가 잘못되었다고! 잠수 마스크에 물이 차오르는 것 같았다. 시야가 흐릿해져 갔다. 내 쪽으로 사람들이 몰려오고 있었다. 온몸이 납처럼 굳은 듯했을 때, 나는 빛나는 인어의 형상을 보았고. 그들은 손짓으로 무언가를 주고받았다. 부드러운 손결이 내 가슴을 쓸어 주는 것만 같았다. 가슴이 징, 하고 울렸다. 늘 아름답기를 원하는 기억 속으로 나는 빨려 들어가고 있었다. 검푸른 어둠 속으로 점점 더 깊이

귀 기울여 듣는 여름

 자전거 페달을 밟다 말고 간밤에 멎은 비와 젖은 마음을 생각하다가 구름 사이로 뻗은 빛을 보다가 물비린내 맡는다 수국이 흔들린다 한참을 내리던 폭우는 어디에도 없고

 라면을 후후 불어 먹던 너는 자주 물컵을 엎곤 했지 텔레비전에는 몽골의 초원이 펼쳐져 있었다 흥건한 바닥을 닦는 나에게 너는 미안하다고 했다 떠날 채비를 하는 유목민들은 게르를 철거하고 가축을 끌고 걷기 시작했다

 우리는 나란히 누워 목초지를 향한 유목민들의 걸음을 보았다 잠시 빛이 들면 창문을 열었다 화분에 드러난 뿌리같이 우리는 사람들의 발목을 보았다 금방 또 비는 쏟아지고 유목민들은 다시 둥그렇게 게르를 짓고 있었다

 게르의 출입문에는 걸쇠가 따로 없다는데 놀랍기도

했다 거리에 우산이 펼쳐지고 흙내가 끼쳐 왔다 물웅덩이마다 울타리가 덧붙여졌다 과녁을 향해 무심히 꽂히는

 구름은 계속 서로를 뭉개고 있다 창문에 빗금이 쳐지고 있다 창을 조금 열어 빗소리에 귀를 넣어 둔다 잘 그치지 않는 울음을 달고 여름이 지나고 있다

음 소거 습관

엊그제 닦은 모서리를 다시 닦아 내면서
먼지는 귀가 없는 게 분명해

손길 닿지 않는 곳에는 귀담지 않으면 안 되는 것들
이 많아서
구석구석 손질하다가 가구를 옮긴다

작은 식물의 잎이 떨어지면
물을 준 게 언제가 마지막이었는지 몰라
벌레 물린 곳을 긁다가

이런 책도 있었네?
오랜만에 펼친 책에서 뜻밖에 밑줄을 발견했을 때

한 번도 스스로를 벗어난 적 없는 방의 식물은
우리를 기억하게 하고

음

풀리지 않을 매듭처럼 나누던
키스는 간지러워

물파스 쥐고 발개진 부위를 찾아 바른다

누가 그랬지 사람은 날 때부터 거기 있으면서 거기 없는 것에 대해 닮기를 좋아한다고

가구 배치를 바꾼다 한들
방이 사라지는 건 아니지만

환부에 물파스를 덧바른다
회전하는 선풍기 바람

마르기를 기다리는 행주는 홀연 홀가분해진다

내내

이런 게 물고기의 호흡일까
네 허벅지 위에 뺨을 댄 채로 빗소리에 귀를 기울였다

너는 내 귀를 유심히 들여다보고
보여? 많아?
내 물음에 너는 조심스럽고

살살살 귀 안쪽이 긁히는 느낌

기록적인 폭우라는 뉴스가 반복될 때마다
수리 기사가 오긴 올까

뜨거운 바람이 나오는 에어컨을 끄고
작은 어항 같은 방에서 우리는
뻐끔뻐끔 물고기 흉내를 냈다

에어컨을 켰다 끄고 켰다 끄고
숨 멎을 듯 비는 쏟아졌다

중고 거래로 산 제습기를 물티슈로 닦으며 우리는 웃었다
작동하는 제습기의 웅웅거림을 내내 바라봤다
물통이 가득 차서 붉은빛이 켜질 때까지

비 오는 날의 박물관, 어항 밖으로 나가기
맥주 한잔하고 흠뻑 비 맞기
방 안에 고인 우리는 빗소리를 따라 버킷 리스트를 적었다

쉴 새 없이 구름이 몰려가고 몰려오고 다시 흩어지고
제습기에 빨간불이 켜지면 너와 나는 물통을 비워냈다

내일은 또 뭘 할까?
물통을 비워야지
매일매일

가득 찼다가 텅 비워지는 여름 내내 우리는
끝나지 않는 미래를
이미 지나온 것처럼 느끼고 있었다

해열

해변에 떠밀려 온 유리병처럼
종일 나는
두고 온 것을 떠올린다

2부
그렇게 희곡은 시작한다

평양냉면 먹기

 평일 이른 오전에 평양냉면을 먹는다. 면을 천천히 휘젓는다. 맑은 육수에 풀어진 면을 보며 육수를 한 모금 마신다. 이게 무슨 맛이야?

 애인은 물었다. 냉면 그릇을 들고 한 번 더 육수를 마셨다. 오래 머금었다. 주변 사람들을 봤다. 사람들은 고개를 끄덕이거나 갸우뚱하며 그것을 먹었다. 애인은 냉면의 냄새를 맡아 보기도 하고 면을 한 젓가락 크게 집어 올려 살펴보기도 했다. 나는 오이를 집어 애인의 그릇에 놓았다. 애인은 내게 면을 덜어 주었다. 우리는 말없이 서로의 것을 받아먹었다.

 바람을 맞으며 걸었다. 애인의 머리칼이 땀에 젖어 있었다. 구름이 새하얬다. 누가 먼저랄 것도 없이 손 닿으면 잡았고 더우면 놓았다. 눈 마주치면 싱겁게 웃었다. 여름이 지속되고 있었다.

 이게 무슨 맛이지? 우리는 가끔씩 평양냉면을 먹으러 갔다. 냉면에 식초만 넣어 보기도 겨자만 넣어 보기도 했다. 둘 다 넣고 마구 섞어 보기도 했다. 만두도 곁들여 먹었다. 소주도 마셨다. 낮부터 취한 우리의 실험은 계속되었다. 발그레해진 얼굴로 말할 수 있는 건 말했고 말할 수 없는 건 말하지 않았다.

  마른장마가 이어지는 동안 비가 왔음 하고 바랐지만 막상 비가 오니 들뜬 마음은 변덕을 부렸다. 볕 좋은 날 바람 불어오면 평양냉면 생각이 났다. 침이 고였다.

  육수를 머금는다. 창밖엔 한창 잎사귀 무성하고 식당은 금방 복작해지고 무더운 사람들은 냉면을 주문한다. 깨끗이 비워 낸 냉면 한 그릇. 감실거리는 햇빛과 선명한 그늘과 눈 감아도 쨍한 여름이 일렁인다.

미야코지마

해가 길어진 오후에
소파에 기댄 우리는
일본 멜로 영화를 틀었다

첫 장면이 떠오르자 가슴 한편에 어떤 차오름이 느껴졌다
   이미 봤던 영화인데, 왜 이리 낯설까?

너의 하품이 방 안을 채우고
"끝까지 볼 거야?" 네가 물었다
"네가 보자고 했잖아" 내가 말했다

네가 재생을 멈추고 화장실에 간 사이
노트북엔 화면 보호기가 켜졌다

코발트빛 하늘, 면도날 같은 구름,
긴 다리가 바다를 가로질러 섬으로 이어지고
눈부신 에메랄드빛 바다가 펼쳐졌다

돌아온 너는 여기가 어디냐고 물었다
"미야코지마래, 동양의 하와이"

언젠가 꼭 가기로 약속했다
"언젠가 저 모래사장에 발자국을 남기자"

파라솔 그늘 아래 선글라스 쓴
우리의 미래를 그리다 다시 영화 속으로 돌아갔다

새하얀 모래사장을 걷던 남자가 말했다
—아주 옛날 사람들은 생각은 머리로 하는 게 아닌 심장이 하는 거라고 생각했대

여자가 웃으며 말했다
—당신을 보면 생각이 멎어요

"눈 뜨고는 못 봐 주겠네"

중얼거리며 고개를 돌리니
너는 잠들어 있었다

영화는 끝을 향해 달려갔고
나는 너의 감은 눈을 보며 바다를 떠올렸다

미야코지마
서핑 보드를 든 나는 바다에 뛰어든다
물이 가슴까지 차오를 때
지평선과 눈이 마주친다

먼 데서 불어오는 미지근한 바람
밀려오는 파도
유유히 내 몸을 지나 육지를 향해 나아간다

높은 파도에 몸을 맡기면
시간이 빛으로 변한다
나는 모든 순간이 번쩍이는 것을 본다

해안에 닿은 파도는 부서지고
나는 모래사장에 발을 딛고 선다

엔딩 크레딧이 올라가는 동안
너는 새근새근 코를 골고
나는 눈을 감는다

어둠 속 밀려오는 생각들 사이로
파도 소리가 들린다

미야코지마
느릿느릿
선명한 발자국이 모래사장에 새겨진다

화곡

 에밋 도미니크는 말했다. 뭐든 불타고 나면 까맣게 되는데, 눈 감으면 선명한 여름. 오오 여름이여. 그렇게 희곡은 시작했다. 빨래방 건조기에 이불을 넣고 돌린다. 이불이 말라 가는 오십 분 동안 S와 J는 아이스커피를 사서 걷는다. 화곡 시장을 구경하다가 포도를 좋아하는 S는 크림슨 한 송이를 산다. 둘은 공원 벤치에 앉아 비가 올 것만 같은 느낌을 최근에 읽은 희곡에 대한 이야기를 나눈다.
 희곡의 세계엔 전염병이 나돌았다. 에밋 도미니크와 조피아 엘리사벳은 굴라쉬를 먹기로 했다. 하늘엔 까마귀가 눅눅한 바람을 타고 날은 좀 우중충했으나 둘은 아무렴 좋았다. 토마토와 파프리카와 송아지 고기를 샀다. 키플리 빵도 샀다. 파프리카와 송아지 고기를 넣고 열심히 휘저으며 칼칼한 토마토 스튜를 끓였다. 맛있는 저녁을 먹었다. 그리고 그날부터 엘리사벳은 시름시름 앓기 시작했다. 섬뜩한 복장을 한 의사는 누워 있는 엘리사벳을 향해 호된 매질을 했다. 삐걱이는 침대. 신음하는 그녀. 에밋은 무릎을 꿇고 기도했다. 나쁜 피를 빼기 위해 사혈하는 동안 엘리사벳은 희끗한 입술을 달싹였다. 뚝뚝 핏방울이 떨어졌다. 에밋은 젖은 천으로 기력이 쇠한 엘리사벳의 몸을 닦았다. 방에는 피비린내가 스몄다. 초점 없는 엘리사벳의 푸른 눈동자가 축축했다. 엘리사벳은 중얼거렸다. 에밋, 날 좀 죽여 줄 수 있겠어?

 사랑하는 사람을 죽일 수 있을까? J는 손에 잡힐 듯 날아오고 날아가는 비행기를 보며 에밋과 엘리사벳을 생각한다. 날 죽일 수 있는 사람은… 에밋, 알잖아. 기괴하게도 신의 장난인 건지 에밋은 병에 걸리지 않았으며 엘리사벳은 분명 죽어 가고 있으나 죽지 않았다. 끈적한 여름이 지나는 동안 엘리사벳은 피를 토하며 부탁했다. 그럴 수 있지 않을까? S는 커피를 마신다. 커피는 밍밍하고. 보랏빛으로 물든 파스텔 톤 하늘에는 떨림이 멎어 가는 기타 줄 같은 여름이 저물고 있다.

 에밋은 엘리사벳의 부탁을 들어주었다. 주의 영광이 함께하리. 에밋은 엘리사벳의 죽음 앞에서 한참을 울었다. 뜨거운 여름. 엘리사벳은 불태워졌다. S와 J는 자주 나가진 않았지만 어딜 가든 체온을 쟀고 삼십육점오도

언저리를 오르내리며 활활 타오르는 여름을 나눠 가졌다. 열심히 우유 거품을 만들며 홈 카페 놀이를 하기도 했다. 여름 내내 S와 J는 왕가위 영화를 보았다. 흠뻑 사랑을 나누었다. 이상하지? 뭐든 불타고 나면 까맣게 되는데, 눈 감으면 여름. 에밋은 텅 빈 침대 앞에서 무릎을 꿇었다. 그렇게 희곡은 시작했다. 한 뼘쯤 열어 둔 창문 사이로 바람이 오가고 라일락 패턴이 들어간 커튼이 살랑이고 커튼을 투과한 연보랏빛이 방 안에 넘실거렸다. S와 J는 침대에 누워 일렁이는 커튼의 순간을 함께 바라보곤 했다. 그렇게 희곡은 시작했다. 이곳에 잠든 자 빛의 구원을 받으리. 빗소리를 들으며 기도하는 에밋은 어둠 속에서 번개의 섬광 같은 것을 보았다. 내가 사람의 방언과 천사의 말을 할지라도 사랑이 없으면 소리 나는 구리와 울리는 꽹과리가 되고,* 오오 여름이여. 우리는 여름의 무르고 달고 축축하고 검은 포도 알맹이를 나눠 먹으리. 그렇게 희곡은 시작한다.

  햇볕에 말린 것만 같아! 빨래방에서 이불을 꼭 끌어안고 웃는 S는 덮는 이불을 J는 까는 이불을 안고 집으로 간다. 습기 머금은 바람이 불어오고 좋아질 것 같은 예감은 잘 빗나가고 비가 올 것만 같은 예감은 틀리지 않는다. 시멘트 바닥엔 점점이 빗방울. 골목마다 젖은 종이 냄새. 둘은 뛰어가면서 아직 끝나지 않은 여름을 흠뻑 맞는다.

* 고린도 전서 13장 1절.

귤의 알고리즘

새끼를 잡아먹는다고 했다. 따스한 물에 사는 구피 여러 마리.
애인의 손을 잡았다. 차가웠다. 잘 키우겠다고 약속했다.

구피는 모두 귤색이었다. 애인과 구피들을 번갈아 보았다. 애인은 귤을 까먹고 있었다. 구피들은 뻐끔거리면서 유유자적 서로를 지나쳤다.

어항에 얼굴을 가까이 댔다. 귤. 귤들아 안녕. 애인은 모두 귤이라고 부르기로 했다. 어항에 입맞춤했다. 입술 자국이 남았다.

애인은 내 입에 귤을 넣어 주었고 눈이 내리고 얼었다 녹으며 겨울이 지나는 동안 귤귤귤 우리는 귤을 낳았다.
뒤엉켜 사랑을 나누면 몸에 지느러미가 생겼다. 귤이 귤을 낳았다.

두 개의 어항을 갖게 되었다.
물에 녹고 있는 설탕 입자 같은 새끼들.

물고기의 기억력은 삼 초라는데. 어항 앞으로 가면 귤 알맹이만 한 귤들이 우르르 몰려왔다.

거르지 않고 먹이를 주었다. 첫 번째 어항에 있던 귤 한 마리가 물 위에 둥둥 떠 있었다.
그사이 죽은 귤은 귤에게 조금 뜯어 먹혔다.

자주 물을 갈아 주었는데⋯ 저녁을 먹고 체한 나는 토했고. 죽은 귤을 건져 낸 애인은 물끄러미 나를 보았다.

며칠 뒤 애인은 떠났다. 아직 어항엔 귤이 많았는데.
귤 귤 귤
살아 움직이는 건 귤뿐이었는데

하나둘씩 귤이 떠올랐다. 물 위에 뜬 귤을 건져 낼 때마다 손이 미끌미끌했다. 귤이 떠오를 때마다 귤.
혀가 말려 올라가는 발음 속에서 귤들을 바라보았다.

귤이 귤을 뜯어 먹고 귤들은 또
해산하였는데, 물비린내가 방 안에 가득했다. 사라진 귤들이 많았고 날은 여전히 추웠다.

죽은 귤을 보며 천천히 이름을 불러 보았다.
어항을 툭 치면 귤들이 흩어졌다.

한겨울에 우유 데우기

불 켜진 전자레인지 안에서
우유가 담긴 머그잔이 돌아가는 동안
머릿속에서 너는 떠나가지 않고 맴돈다

버리지 마
나는 너에게 말했고

가위로 멸균 우유 팩 모서리를 자른 너는
유통 기한이 삼 주나 지났어
개수대에 우유를 흘려보냈다

우리가 꿈꾼 건강한 생활은 흐지부지되었고 금방 겨울이 왔고 멸균 우유 팩은 한가득 남았다

남은 우유 팩 하나를 집어 빨대를 꽂고 마셨다 고소한 흰 우유 맛이 났다

멀쩡해 정말이야

너에게 우유를 내밀었는데
너는 말없이 빈 우유 팩을 짜그라트렸다

옥신각신하는 사이
밖에선 눈이 내리고 있었다

띵 소리와 함께 전자레인지 안의 불이 꺼지고
머그잔을 꺼내 두 손 모아 쥐면 손바닥에 전해지는 온기

언제 내렸는지
눈 내린 창밖의 새해 풍경을 보다가
우유 위에 생긴 하얀 막을 젓가락으로 휘젓는다 엉겨 붙는 점액
나는 이것을 온종일 휘저을 수 있다

옷을 껴입고 수변 공원을 걸으며 앞으로 해야 할 일을 떠올려 보는데

나무에 칭칭 감긴 크리스마스 전구는 여전히 반짝이고

바람에 흔들리는 버드나무

우리가 몇 살까지 같이 걸을 수 있을까
네가 남긴 질문은 자꾸 떠오르고 눈은 또 내리기 시작한다

소복이 쌓인 눈송이를 모아 쥔다
발개진 손을 보면서 생각한다 이제 그만 돌아가야 할 때.
온 길을 다시 걸어 집으로 간다 걸음마다 발자국이 찍힌다

싱크대 위에 놓인 머그잔
그 안에 남은 우유

손을 씻고 전기장판을 켜고
이불을 머리끝까지 덮는다

상하지 않은 것은 끝내 이해할 수 없고
몸이 따듯해지는 동안 밖에서는 눈이 내리고

그게 중요한 건 아니지만 지금 밖엔 눈이 내리고 있다.

과일잼 굿나잇

　우리는 어젯밤 죽었지. 칼을 든 우리는 서로를 찔렀고 흥건해졌다. 목에서 솟구친 피처럼. 이건 꿈이다. 짓무른 과일을 넣은 냄비에 꿀과 레몬즙을 넣고 약불에 끓인다. 액체와 고체 중간쯤인 과일을 천천히 휘저으며 찐득해지는 것을 본다. 이제는 과일이 아닌 그렇다고 아직 잼도 아닌 걸 졸여 내는 동안. 서로가 서로를, 지혈하는 동안. 이건 진짜가 아니야. 붉게 물든 우리는 서로를 죽일 만큼 달콤하길 바란 걸까. 줄줄 흐르던 피와 눈물 사이로 과육은 마그마처럼 끓고. 과일잼 굿나잇. 핏빛의 감미로운 냄새가 번지면. 등 뒤에서 들려오는 목소리. 우리가 이렇게 오래 살 줄 몰랐어. 천장에 매달린 서로의 표정이 일그러진다. 늘어진 혀끝에서 침이 길게 이어져 떨어지고. 과일이 잼이 되어 가는 냄새. 침이 고이면서 나는 서서히 나를 감각한다. 아 믿을 수 없다. 꿈과 현실이 서로를 덮어씌운다. 칼을 집어 손을 찌른다. 뚝뚝 떨어지는 피. 바닥에 떨어진 쇠 마찰음. 열매처럼 맺히는 피는 끝없이 흘러내리고. 손가락을 입에 넣으면 달큰한 맛이 배어난다. 밀봉하지 않은 것들은 금방 상하는데, 식탁 위엔 과일. 텅 빈 의자 위에서 나는 방을 내려다본다. 날아다니는 초파리. 손뼉을 치면 불이 꺼지고. 의자는 비명을 지르며 쓰러지고. 흔들리는 실루엣. 과일잼 굿나잇. 어둠 속에서 무언가 일그러진다. 이건 꿈일 텐데. 과일이 끓고 있고. 잼을 휘저으면서. 공포에 질린 얼굴이 뭉개진다. 휘휘 돌아가는 뜨거운 시간이 내 안으로 들어오는 걸 느낀다. 유리병에 잼을 담으면서 부르르 떨리는 온몸이 선명해진다. 과일잼 굿나잇. 어디선가 속삭이는 소리. 유리병을 꽉 잠근다.

모자이크

믿을 수 없는 건 자꾸 뒤돌아보게 한다

모두 눈 감은 교회에서
나는 성경 책 한 장을 조용히 찢었다

예배당 장의자에 앉은 사람들은 울고
나는 퍼렇게 질린 열 개의 손톱을 본다

이해할 수 없다

돌연히 죽은 당신을 염하는 동안
손을 뻗으면 닿자마자 녹아 버리는 시린 눈송이

폭설을 뚫고 걷는다
미지근한 물기로 남겨진 나는
질척이는 땅 위에 서 있다

감각의 침엽수림에 무수히 살면서

닿을 수 없는 살갗

걸음을 멈추고 돌아보면
기도하는 사람들

믿을 수 없어 눈을 감았다 뜨면
머리를 돌린 올빼미
눈을 깜빡이지 않고 나를 본다

웃으면서 손을 흔들 수도 있는데
흔들리는 것에는 초점이 없고

새는
날개를 펼치고 날아간다

툭, 나무에서 뒤늦게 눈덩이 떨어지고

뒤를 돌아보았을 때

흩어지는 입김
날리는 눈발
사라지는 발자국

살아 있기 위해선
흰 겨울이 필요하다

손톱의 각피를 안으로 밀어 넣는다
희미해지는 누군가의 발자국을 따라
눈길을 걷는다

작고 넓은 방

동네 재개발이 확정됐다
계약이 아직 몇 달 남았지만
잘된 일이지

겨울이면 어김없이 고장 나던 보일러
이사를 갈 참이었으니까
햇볕이 드는 곳으로 가게 되었으니까

버릴 건 버리고 챙길 건 챙겨야 해
필요하지 않은 건 과감하게 버려야 해

발견된 얇은 앨범 속
몇 장 없는 아날로그 사진마다
오래전 날짜가 적혀 있다

아이는 잔디 깔린 어느 공원에서
입을 크게 벌린 채 울고 있다

바닥에 떨어진 소프트아이스크림
아이스크림콘을 바라보다가
불쑥 이름을 불러 본다

나무가 무성한 공원
쥐똥나무 울타리가 있는 산책로

난 간 적 없는 것 같은데
아이스크림을 떨어트린 적도 없을 텐데

사방에 검은 열매가 떨어져 있고
나는 기약도 없이 그곳에 있다

아이는 그것을 주우며 걷는다
아이를 부르는 희미한 목소리
돌아보는 아이
점점이 떨어진 검은 열매…

뭐든 꽉 쥐고 있어야 한다는 걸 뭐든 바닥으로 떨어지면 안 된다는 걸
알고 싶지 않아도 알아야만 될 것 같은데

현상되지 않은 필름을 감다 보면
나는 쓰다 만 볼펜처럼 혼자 남아

얇은 앨범을 상자에 담고
방을 둘러보다가
방이 참 앙상하네 근데 방이 생각보다 넓었네

테이프를 칭칭 감는다
상자 하나를 더 만들어
남겨진 짐을 담는다

에디슨 효과

상자를 만들어 깨진 전구를 담는다
밤마다 눈을 감고 불을 지폈다

손으로 불을 감싸 쥐면
따뜻한 깃털이 가득했고

캄캄한 어둠 속에서
살아 있다는 마음을 품었다

밤의 울타리 안에서
새하얀 염소들이 우글우글 태어났다

가늘고 긴 염소들의 눈
발병하는 빛

빛은 나를 소스라치게 한다
쏟아지는 영혼과 함께

타고 남은 한 줌의 재가 되고 싶다

밤이 찾아오면
이야기를 들려줄 거야

상자 하나를 더 만들어
나를 밀봉한다

사 놓고 읽지 못한 책은
찢어 버려야지

적린에 성냥을 긋고
타오르는 불꽃을 바라보다가

상자에 던져 버린다
나는 너무 선명하다

어느 날

중고 서점에서 책을 팔고 나오자 선 캡 쓴 여자가 내게 큰 봉지를 내민다 안에는 물티슈와 휴지가 어색하게 들어 있다 나는 그녀를 따라간다 금방 모델 하우스에 도착한다 사람들이 누 떼처럼 몰려다닌다 실내화를 신으면 유니폼 입은 여자가 복층으로 된 오피스텔 내부를 보여 준다 2인용 쥐색 소파, 좁은 침대, 작은 붙박이장이 조용히 구석을 채우고 있다 여자는 모던이니 미니멀이니 말을 하며 숨겨진 수납공간을 연다 넓은 공간이 펼쳐진다 어때요? 굉장하죠? 여자는 내게 아이스커피 한 잔을 준다 상담 테이블에 앉으면 양복 입은 남자가 나를 훑어보다 명함을 건넨다 그는 각종 서류를 보여 준다 나는 커피를 홀짝이며 생각지도 못한 숫자들을 듣는다 한쪽 벽에는 높은 건물이 합성된 동네 사진이 붙어 있고 사람들은 계속 몰려 집을 구경하고 나는 신발을 신고 밖으로 나와 해가 길어진 거리를 걷는다 티셔츠가 등에 달라붙는다 나는 어슬렁거리다가 퇴근한 사람들 틈에 섞여 집으로 돌아간다 샤워하고 선풍기 앞에 앉아 얼기설기 책이 꽂힌 책장을 본다 아무 책이나 꺼내자 꽂힌 책들이 한쪽으로 우르르 쓰러진다 아아 나는 나 자신이 껴안고 있는 것이 정말 무엇인지 느끼기 시작했다* 텅 빈 방을 둘러보다가 벽에 등을 기대고 앉아 한여름에도 벽은 차갑구나 이제 그만 자야지 얇은 이불 깔고 누워 눈 감으면 심장이 빠르게 뛴다 난데없이 나타난 여자가 나긋이 웃으며 말한다 어때요? 멋지죠? 허공을 짚는 여자의 손끝에서 어둠이 펼쳐진다 놀라서 눈을 뜬 나는 드넓은 어둠 한가운데 서 있다 까만 평야를 바라본다 손을 뻗으면 새카만 바람이 손에 감긴다 푸석한 풀숲 틈에서 움직이는 소리, 누가 있다 나는 눈을 꼭 감는다 커지는 심장 소리 박동하는 땅 가까워졌다 멀어지는 육중한 걸음들 슬쩍 눈 떠 보면 어느새 날이 밝아 있다 목이 마르고 입안이 텁텁하다 어딘가 깜빡 두고 온 게 있다 오늘은 꼭… 심장이 쿵쿵 뛰는 이유를 조금은 알 것 같다 나는 천장을 보다가 다시 눈을 감는다

* 헨리 제임스, 『나사의 회전』

3부
바닥은 그림자놀이를 한다

빈티지

꿈에서 종이를 열 번 접었다
구불구불 종이를 펼치면
방에 홀로 남아

접었다 편 종이의
반듯한 주름이 떠오른다

어제는 금요일이고
엊그제는 목요일
내일은 일요일

이번 주는 꼭 산책을 가야지

도착 예정인 택배를 받아
새로 산 티셔츠를 입은 나는
공원의 풍경이 된다

십 대 때의 일이다

동묘 시장에서 가득 쌓인 옷가지들 속에서
마음에 쏙 드는 티셔츠를 발견했는데

누구도 찾지 못하게 구석에 구겨 넣은 적 있다
너무 낡은 티셔츠
나만 알지만 나도 모르는 빈티지

왜 그랬을까?

지나온 길은 돌아보면 참 그림 같은 풍경인데
공원에서는 누군가가 누구와 누구를 말리고 있다

"반말은 하지 맙시다."
바둑판이 엎어지고
검은 돌과 흰 돌이 빗발친다

바닥은 그림자놀이를 한다
누가 침을 뱉으면 침 묻은 그림자

누가 넘어지면 그림자는 납작 엎드린다

"괜찮아요?" 한 수 물러난 그림자에게
가만히 손을 건네면
저녁은 붓칠이 끝난 물통 속으로 물들어 간다

어둑해진 복도는 귀가하는 이에게
접힌 마음을 쥐어 준다

복도의 센서 등이 꺼질 때마다
함께 사라진다면 그것도 나쁘지 않겠는데

접었다 편 마음의 주름을 매만지면서
돌아보면

저 멀리 켜지는 센서 등 하나

조용히 어두워진 복도에

프레임으로 남겨진 나는
반듯한 주름을 따라서 종이를 접는다

왼쪽 눈에 점안하세요

한쪽 눈을 가리고
보이는 대로 말하기로 합시다

헷갈리는 숫자가 많군요
안 보여요

그럼 반대쪽 눈을 가리고
말하기로 합시다

잘 모르겠습니다
사람 앞에 서면 종종
그런 때가 있죠

가까워질수록 멀어지는 출근처럼
핸드폰을 잃어버린 사람처럼
초조해지는,

오늘은 길을 가다 마주친 사람과

나란히 생각했어요 왼쪽과 오른쪽

우린 눈 맞춤 하고
서로에게 충실한 뒷모습이 되었죠

다 왔다 다 왔어 말해 줄 누구도 곁에 없고
경로 안내를 종료합니다 목적지에 이르러

노을은 초점이 없고
계약이 끝난 밤들은 밤새 사라지는 중

가로등 아래 서서
가장 은밀한 이야기를 털어놓을래

누구나 그림자 하나쯤 갖고 있는 거잖아요

구멍 난 양말을 신었는데
어느 쪽일까요 맞혀 볼래요?

구두를 벗고 풍덩
어둠 속에 빠져서
어떤 표정인지 연극 놀이 할래요?

눈 감으면
모두 다 같은 얼굴인데
조각난 표정을 꼭 쥐고 있는 우리들

저수지에 일렁이는 물고기처럼
다 보여요

그럽시다
고개 들어 인공 눈물 넣으면서
그대로 물결이기로 합시다

선반 분실 신고

서가에 없는 책 신청 현황

상태 : 소재 불명

 관리자 메시지 : 소재 불명으로 분실 처리하였으며 희망 도서를 이용하여 도서를 신청하시기 바랍니다.

♬ ♬ ♬

 내가 찾는 책은 어떤 내용인지 모른다 상상력이 무한한 외계의 이야기나 마법사의 이야기일지 소소한 일상의 이야기일지 아직 모른다 자명한 결론은 없어서 이야기는 언제나 공간을 남긴다 착착착 수많은 빈 공간이 꽂힌 도서관에서 어떤 날은 홀로 의자에 앉아 골똘하게 되고, 폭설이 내린 산간을 걷기도 한다 푹푹 무릎까지 쌓인 눈을 헤치고 가다가 문득 돌아보면 어떤 이야기는 복음으로 남아 종이 울리기도 하고 눈사태가 일어나서 '도망쳐야 해' 어디선가 작은 요정이 날아와 손을 잡아 주기도 한다 손결엔 바람이 느껴지고 눈이 녹은 세계의 끝에서 거대한 폭포를 넋 놓고 바라보고 있으면 쏟아지는 감정 '도망쳐야 해' 되감기 하듯 다시 또 세계가 펼쳐지고 "어떻게 사랑이 변하니?" 당신이 돌아와서 안녕? 하고 인사하면 정류장에서 버스를 타고 사라지는 당신은 이 세계의 노을, 매번 우리는 안녕? 엎질러진 물처럼 난감하고 '도망쳐야 해' 부릉부릉 텅 빈 세계는 아무것도 아닌 게 되어서, 그것은 무엇이든 가능하게 하니까 버스를 기다리면서 기울어진 그림자를 보면서 매일 기다리는 저 세계에서의 로망… 안녕을 키 링처럼 매달고 도망치기 도망도망도망 이야기의 결론은 유보되고 유보되어 어디에 있는지 찾아볼 수 없을 때, 여기 조촐한 테이블 위에, 유리잔에 꽂힌 빨대와 창가에 누운 고양이 내가 야옹 하면 멀어져 가는 버스를 향해 손을 흔드는 고양이 장난감만 해진 버스가 테이블 위에 있고, 장난감 병정들이 살아 움직이는 세계는 끝났는데, 장난감이 움직인다면, 이라는 만약은 없고 장난감이 정말 움직이면 그것은 말이 안 되는 일 상상력의 무게는 종이 한 장 차이라서 저기 죽음을 피한 사람의 눈동자처럼, 저기 죽음을 맞이한 사람의 눈동자처럼, 믿을 수 없는 일이 고양이처럼 튀어 오르고 뚝뚝, 바닥에 떨어지는 물… 이 세계가 끝났구나 한 세계가 물들었구나 이미 엎질러진 물은 사심이 없고 유리잔이 가능성으로 텅 비었구나 유리잔 안에 들어간 고양이가 그루밍을 한다 "야옹" 당신이 있어야 할 방식은 현실의 재현이 아니니까 부릉부릉 변형할 현실이니까 증명할 수 없는 당신은 되풀이되고 '도망쳐야 해' 내가 찾는 책은 어떤 내용인지 모른다 안녕?

지난밤 얼은 감기가 아직 목덜미에 젖어 있어요

빨래방에서 돌아가는 세탁기를 보고 있으면
얼룩이라는 말이 궁금해져요

사람들은 말하죠 마음먹기 달렸다고
근데 그게 제 탓인가요
양말 한 짝이 없어졌어요

집으로 돌아와 양말을 벗을 때마다 마지막일 거란 생각
양말에는 묵묵히 냄새가 묻어 있었는데요
저는 어디로 조문을 가야 할까요

재채기하고 나면 흐르는 콧물
모든 얼룩은 헛것인 것만 같고
막상 증상을 말해 보라 하면 어렵습니다

검은 저수지였다가 울타리였다가

새였다가 생겨나는 이해가 있어요
그것은 지구 어딘가 있을 게 분명하니까

양말의 마음을 빙빙 도는 동안
불 끄고 누우면 치과 의자에 누워 있는 기분이에요
시려요 잠깐이면 될 텐데 싫어요

아주 늦게 귀가하는 심정으로
나의 궤적을 떠올려 보면
나는 구두를 벗고 나는 양말을 벗고 나는 맨발로 천천히

나는 저수지의 어둠 속으로 들어가다가 아차차
나는 구두 방향을 가지런히 돌려놓고

발이 닿지 않는 물속에서 고백한다
양말아 나를 용서해 줄 수 있겠니

구멍 난 곳은 내가 평생 꿰매 줄게
작아지다 작아져서 더는 작아지지 못할 때까지
달은 희끗해지고 있는데

남겨진 양말 한 짝이 속삭인다
양말은 이제 자유예요

저녁의 굴레 속에서 둘레둘레
양말이 없어서 길은 온통 막다른 골목이고

엄두가 나지 않는다
내일도 콧물은 흐르겠지

누

고개 숙인
긴 묵도의 대열

마른 굽 소리가 먼저 와 꽂힌다
온통 조류 속으로
내리치는 번개

더러는 악어에게
더러는 물살에게

두 개의 강 속으로
빨려 들어가는
뻘건 눈알들

신탁이 불어난 강물의 소리
쏟아진다
넘쳐나는 예언 속으로

앞다퉈 앞발을 들이미는데
그들의 뿔은 우리의 어깨를 닮아 있다

시작이든 도망이든 끝없을 누구나
물결이 되고
그것은 더 이상 혁명이 아니다

볕이 눌어붙은 평야에서
둥근 눈망울
무릅쓰고 다시

달려가는 매달
강 너머 그들이 태양을 바라본다

마지막 계단을 몰랐을 때
누구나 중심은 일렁이는데

아홉 걸음 앞의 하늘이

그들의 걸음을 밀어낸다

아지랑이 사이
누가 있다

큰 눈알을 치켜뜬 채 누가
풀을 씹고 있다

캐터필러*

창에 비친 어제 나는 누군가와 부딪혔고
가볍게 목례하고 헤어졌다
지하철이 다음 역을 향해 달려가는 사이

영상에서는 건물이 무너졌다
흙먼지를 뒤집어쓴 사람
사람의 머리에서 피가 흐르고
사람의 표정이 일그러지고
사람들이 울고 있었다
어젯밤 꿈에서 나는 내내
전쟁터에 있었다

빗발치는 총소리
가족들이 눈을 뜬 채 죽었고 키우던 강아지가 폭사했다
눈을 비비면 긴 의자에 앉은 사람들
예배당에서 모두 눈을 감고 있었다 종이 울리자 문이 열리고

사람들이 밖으로 나갔다
지하철 손잡이를 보면
예배당에 혼자 서 있는 기분

죽은 병사의 총을 들고
누군가의 꿈을 조준할 때
총구를 문 인질이 되었을 때
흔들리는 지하철
모든 것이 기침처럼 번진다

흩어지는 빗소리
창 하나를 떼서
사람의 마음에 걸어 준다면
창 하나를 떼서
영영 문을 열어 둔다면
비가 쏟아져도 기꺼울 것 같은데
비 오는 날 누군가 쪽으로 우산을 기울면
어깨가 젖는 동안 슬프지 않을 것 같은데

창에 비친 우리는 모두 닮아 있고
소매 끝을 잡아당기면 주르륵 풀어지는 그림자
손잡이를 잡은 사람들이 흔들리고
사람들이 내리고 사람들이 탄다
내가 할 수 있는 건
흰자위에 점 하나 찍히는 일처럼
깨어나 마주하는 것
시시때때로 축축해지다가도
지하철이 흔들리면 어제가 돌아오고
누가 잠깐 나를 지나쳐 간다

나는 총알이 날아간 곳보다
널브러진 탄피를 오래 바라보았다
폭발하는 소리에 번뜩 눈을 뜨면
도하하는 탱크처럼
다리를 건너고 있는 지하철
창밖에서 폭죽놀이가 시작되자

휘둥그레진 사람들이 고개를 든다
총격 소리가 그치지 않는다

* 강판을 체인 모양으로 연결하고, 이것을 차바퀴에 벨트처럼 걸어 동력으로 회전시켜서 주행하게 하는 장치. 무한궤도라고도 함.

동시다발

베개를 두 개 겹쳐 베고
오지 않는 잠을 불렀다
우두커니 옥상에 서서
아래를 오래 내려다봤다

아무도 없는 어둠 속에서
동기가 죽었다는 소식이 메아리쳤다

훈련소 동기는 입에 소총을 물고 방아쇠를 당겼다
총알이 머리를 관통했다 피범벅이 된 감시 초소
도수 체조를 하며 동기를 떠올렸다 교회에서 노래
부르며 동기를 떠올렸다 도무지 떠오르지 않았다 동기
가…

감시 초소에 바람이 몰아쳤다 한쪽 눈을 감고 돌아
서서 수하했다 눈을 비벼 보아도 아무것도 없었다 잎 없
는 나뭇가지에서는 쓰라린 소리

잉크가 얼어 버린 볼펜을 쥐고 이상 없음 이상 없음 감시 일지에 어둠을 눌러 적었다 몰래 초콜릿을 먹으며 하늘을 올려 보았다 허연 테를 두른 달무리 아래 적이 올 가능성은 극히 희박했다

달을 조준했다 동기가 떠올랐고 입안에선 초콜릿이 녹았다
엔젤 엔젤 속삭이며 소총의 조준 크리크를 두 가늠자 돌려 수정했다 달은 해프닝처럼 사라졌다 나타나기를 반복했다

매일 밤마다 맨발로 옥상에 서서
외면하는 게 아니라 닿을 수 없다는 걸 알면서도
힘껏 떨어졌다

눈을 뜨면
누군가는 죽고
누군가는 태어났다

엎질러진 눈물
이마를 짚어 보면
날이 밝아도 달은 사라지지 않았다

친구와 지하철
— In my life

셔츠 단추를 끝까지 채우고서야
겨우 생각하게 되는 것들이 있다

나는 누가 잘못 채운 단추일 거야
아침마다 아래로 아래로

단추를 매만지면서
어젯밤 꿈을 생각했다
새벽에 리버풀은 맨체스터 시티한테 졌다

어제 친구는 친구 어머니가 돌아가셨다며
퇴근하자마자 지방으로 내려갔다
계단을 빠르게 내려가는 구두 소리

한겨울의 이른 아침
나는 셔츠 단추를 풀어내듯
골목 어둠에 나를 풀어놓고

천천히 흩어지는 연기를 본다
숨 쉴 때마다 나는
어둠을 하얗게 밀어내는 사람
저기도 저기도 표백하는 사람들

흩어진 사람들은 배수구의 소용돌이마냥
에스컬레이터를 따라 지하로 빨려 들어간다

지금쯤 친구는 검은 옷을 입고 있으려나
꿈에서도 울고 있으려나
사실 나는 가끔 친구가 무서울 때가 있다

코를 고는 친구는 종종 넘어가는 숨을 멈췄다가 내뱉는다
친구의 콧잔등에 손가락을 올려놓고 숨을 느낀다

나를 알고 적을 알면 백전백승이라던데
친구는 친구를 모른다

지하철에는 모르는 친구들의 숨이 빼곡히 몰리고
심호흡하며 지하철에 몸을 싣고

이 역만 지나면 괜찮아질 거야
나의 정거장까지 천천히 천천히

매일 기다리는 일뿐
기다려지는 일은 없다

이제 아홉 정거장 여덟 정거장…
내가 기억해야 할 장소
기다려지는 일이긴 한데

진실 같은 건 단물 빠진 껌 같은 것

내려야 할 역이 다가오는데
대한의 해방은 도적처럼 찾아왔다던데

나의 해방은 도적질당했다

공을 뺏은 리버풀의 전설 제라드가
호쾌한 중거리 슈팅을 날리는 영상
축구공이 그물망에 꽂히는 걸 반복해서 본다

오늘은 그냥 패스하고 싶다가도
과거 리버풀의 영광을 상상하면 가슴이 뛴다

언제부터였을까
힘들지? 물으면 괜찮아라고 말하는 친구

괜찮냐고 묻는 안부 문자에
친구는 괜찮아라고 답하고

정기 결제 문자에 통장 잔고를 보면
세상에 비밀 같은 건 없고

지하철역 밖으로 나와
점점이 아래로 떨어지는 초록불을 보면
가슴이 뛴다

문득 어떤 불도 들어오지 않기를,
어둠 속에서 나는 친구의 울음을 바라본다

친구가 괜찮다고 말할 때마다
나는 친구가 힘들지 않았으면 좋겠는데

아침마다 우르르 우르르 토사물처럼
쏟아져 나온다

아름다운 내가
아름다운 친구와 함께
아침 어둠 속으로 쏟아져 나온다
다시, 단추를 채운다

리버풀과 브룩스
— In my life

 선박이 출항하였다. 나는 배의 맨 아래, 어둠 속에 누워 있었다. 배가 기울고 출렁일 때마다 떠오르는 기분. 나는 어디로 가는 걸까. 층층으로 나뉜 좁은 칸마다 사람들은 촘촘히 누워 있었다. 나는 나를 떠올려 보았다. 출렁이는 바다와 선박. 숨 쉴 때마다 쇳조각과 물비린내가 섞여 흐른다. 누군가 콜록이면 어둠은 기침 소리만으로 가득 찼다. 숨이 막히듯 검은 소리가 몸을 뒤덮었다. 삐거덕거리는 나무 소리. 족쇄 찬 두 발을 움직여 보았을 때, 차갑고 무거운 쇠의 느낌 속 나는 점점 바닷속으로 가라앉고 있었다. 단어를 끝말잇기 하며 어둠 속을 항해했다.

*

 차례로 일어나서 죽을 먹었다. 하루 두 끼의 옥수수죽은 먹어도 먹어도 배가 고팠다. 캄캄한 곳에 누워 먹고 싶은 것을 떠올렸다. 고향에서의 저녁밥이, 깊은 잠이 그리웠다. 깊은 바다 한가운데서 할 수 있는 건 기억하고 견디는 일뿐이었다. 어디선가 우는 소리가 들려오면 주먹을 꽉 쥐었다. 전염병 같은 슬픔이 내 안에서 흘러내렸다. 가슴을 치고 엉엉 울고 싶은 마음은 피로하였다.

*

어제는 옆에 누워 있던 사람이 죽었다. 배에서의 잠은 희박하고 숨쉬기가 어려웠다. 옆 사람의 눈을 마주친 적이 있는데, 눈을 감으면 옆 사람이 나타났다. 우리는 각자가 기억하는 장소를 나누었고, 우리는 그곳에서 함께 산책을 하곤 했다. 시신은 어디로 갔을까. 나는 어디론가 가고 있는데, 얼마나 시간이 흘렀을까. 위 칸에서 떨어지는 물방울. 오줌 냄새가 났다. 얼굴 위로 떨어지는 오줌 방울. 이상하게도 당신이 생각났다. 누군가 떠오를 때마다 부르던 노래가 있었는데, 눈물이 흘렀고, 오줌 방울이 계속 떨어졌다. 멜로디 안에서 당신이 웃고 있었다. 나는 당신이 기억하는 장소를 알고 있고, 가슴에 손을 없으면 두근거리는 심장. 어둠 속에서 심장이 뛰고 있었다.

*

피부가 간지러워서 긁다 보면 진물이 나왔다. 여기는 고래의 뱃속이 아닐까. 잡아먹혔다고 생각하면, 죽었구나라는 생각보다 살고 싶다는 생각이 들었다. 구토하는 사람들, 추위에 덜덜 떠는 사람들, 소문에 의하면 병에 걸린 사람들은 바다에 던져졌다고 하는데, 살고 싶었다. 어둠 속에서 눈을 깜빡였다. 온몸에 열이 나고 땀이 흘렀다. 이 어둠을 다 지우고 싶었다.

*

누워 있던 나는 고개를 돌려 옆으로 구토했다. 끈적이는 위액. 시고 쓴 입안에는 딱딱한 것이 있었다. 그것은 코끼리 상아 조각이었다. 내 안에 이토록 부드럽고 단단한 빛이 숨어 있었다니. 몸이 떨려 왔다. 누구에게 뱃속에서 상아가 나왔다고 얘기하니, 배의 선원들에게 주면 그들이 크게 기뻐할 수도 있을 거라고 했다.

*

선원들은 내가 건넨 상아를 보았다. 아이보리색 빛을 발하는 상아는 달빛처럼 은은하고 보드라웠다. 아름다웠고 간직하고 싶은 마음이 들었다. 그들은 나를 다른 방으로 옮겼다. 이전보다 많은 죽과 약간의 곡물을 먹을 수 있었다. 토를 할 때마다 손가락만 한 상아가 나왔고 선원들은 내게 더 많은 양의 음식을 먹였다. 선원들은 그것을 네모나게 만들고 점을 찍었다. 내가 살 수 있는 방법이 있을까? 다시 상아를 토했다. 열이 올랐던 몸이 나아지는가 싶었다가 오한이 돌아났다. 아름다운 상아는 계속 나왔으나, 나는 점점 더 야위어 갔다. 온몸에 붉은 반점이 돋아나기 시작했다.

*

다시 땅을 밟을 수 있을까? 선원들은 대륙으로 간다고 하는데, 도착까지 몇 달은 더 걸린다고 하는데, 나는 갑판 위에 섰다. 맥없이 바다로 고꾸라지는 사람들, 난간 앞에 서서 아래를 보았다. 허우적거리는 사람들, 둥둥 떠가는 사람들, 나는 소리쳤다. 살려 주세요. 웩웩! 토하려고 했으나 더 이상 아무것도 나오지 않았다. 선원들은 크게 웃었다. 제발 살려 주세요. 나는 바다에 던져졌다. 차가운 어둠 속으로 가라앉기 시작했다. 희미해지는 의식. 기억해야 하는 것이 있었다. 리버풀. 난 거기서 출발했다. 브룩스. 당신. 나의 아름다운 상아.

*

나의 영혼은 닻을 내린다. 아무도 모르는 심해로 심해로. 아래로 아래로. 끝없이 닻이 내려간다. 땅에 닿지 않는 영혼의 닻. 아득해지면서 멜로디가 들려온다. 영원히 끝나지 않을 노랫소리가 들려온다. 나는 이제 태어나려고 하는 걸까. 고요한 물살을 가르는 지느러미가 보인다. 부글거리는 물살 속에서 사람의 얼굴을 한 물고기가 내게 다가온다. 물살이 내 심장을 쓰다듬는다. 나는 숨을 뱉는다. 공기 방울이 바다에 퍼진다. 축축한 나의 영혼은 공기 방울처럼 바다 위로 솟구쳐 올라가서, 훨훨 날아갈 것이다. 다시 태어나도 나는 기억할 것이다. 축복하여라, 나는 살아 있다.

미래에게

퇴근길에 줄을 서서
광역 버스를 기다리는 동안에도
마음은 이미 집에 도착해 있다

엔진이 쏟아 내는 더운 바람을 맞으면서
내가 나를 도저히 이해할 수 없고

이제는 더 이상 없을 것 같다
사파리 버스를 타는 아이의 웃음이거나

활강하는 롤러코스터에 환호하며
차례를 기다리는 설렘 같은 것

하품을 하자 사람들이 따라 하품을 한다
하품은 친밀할수록 더 잘 전염된다고 하던데

낯선 웃음이 새어 나온다
거울 속 내 표정엔 늘 알맹이가 없었는데

목덜미를 타고 흐르는 땀을 느끼며
뿌리처럼 내부로 뻗어 가는
주렁주렁 웃음이 맺힌 그곳에서

풀 냄새 가득
나를 안아 주는 사람

서로의 뒷모습이 겹쳐질 때
없던 품이 생기고

품을 수 있는 웃음이 있다는 게
그게 눈부시게 좋아서

하품을 하면 뭉클,
덩굴이 움트는 느낌

차례를 기다리면서 나는

입안에서 포도씨 고르듯

미래에게 할 말을
고르고 골라내어
마음에 심었다

들

 수박들 사람 머리만 한 수박들 검푸른 슬픔의 물결들 햇볕에 널린 빨래 같은 표정들 굵기도 얇기도 한 모양들 천천히 길어 올린 마음의 파란들 구름이 기어다닌 흔적들

 강물의 깊이는 흐를수록 다르고 상처가 난 수박에서 꿀벌이 맴돌고 상처 안에서 깊이를 가늠해 보고 잔잔한 강물의 속은 소용돌이치고 있다는 걸 모르는 것처럼 예언자처럼 흠집이 난 수박일수록 더 오래 시장 가판대를 차지하고

 강물과 바닷물이 만나면서 강의 물결이 끝이 아닌 것처럼 수박의 삼각주를 모두 두드려 봐도 저마다의 물음에서 목청 떨리는 소리 손끝에 딸려 오고 꽃이 피었다가 진 자리 치런치런 방죽을 치고

 짐작할 수 없을 만치 수박의 배꼽 냄새는 밀려오는데 분분하게 선 채로 낯빛도 없는 바람은 수박의 표정을 탁

탁 쳐 보고 차오르는 침묵이 만든 수박의 표정들 수박을 마주한 채 수박만 한 머리를 이리저리 굴리고 또 굴러가는 소리들 수박의 풍경들

4부
여름이 쏟아져 있었다

행방

찾는 게 있는 것도 아닌데
가을밤마다 공원을 빙빙 돌았다

걷고 걷다가
어제는 삐끗했다

오래 누워 있던 한 사람이
죽었단 소식을 들었을 때
나는 마저 걸음을 옮겼고
걷다가, 삐끗했다

장례식장에 가야 하는데…
오늘은 부어오른 발목이
시큰했다

한쪽 발로 지탱하고 서서
설거지를 했다
건조대에 쌓인 그릇에서

뚝뚝 물방울이 떨어졌다

절뚝이며 방을 정리했다
입김을 불어 창을 닦아 내고
깨끗해진 방에 앉아
그 사람이 좋아하던 귤차를 마셨다

뜨거운 귤 냄새가 방 안에 가득했다

귤의 뜻이 궁금해져서 사전을 찾아보았다
귤나무의 열매로 둥글납작한 모양
빛깔은 노란빛을 띤 주황빛이고 물이 많고 새콤달콤하며, 껍질은 말려서 약재로 쓴다.

나는 잠깐 흐려졌다가
슬픔은 버리지 않고 싱크대에 올려놓았다
내일이면 바짝 메말라 있을 것이다

노을 지는 공원을 걸었다
탄내 섞인 가을바람이 불어오자
나무에서 주황빛이 쏟아졌다

무심코 한 걸음 내딛었는데
찌릿한 발끝
공원은 아무렇지 않았다

숨을 크게 마셨다가 참으면
심장이 빨리 뛰기 시작했다

가로등이 켜진 길을 따라 걷기 시작했다
그곳엔 무엇도 없어야 했다

오늘내일

 우리는 배를 타고 여행을 가던 중이었지 뱃멀미를 하던 너를 보면서 나는 너의 등을 쓸어 주고 손톱으로 너의 손바닥을 천천히 눌러 주었지

 너는 오늘이 며칠이냐고 묻는다 멀리서 과일을 까먹는 간병인들이 보이고 여자가 복도에 주저앉아 있고 곁에서 팔을 부축해 주는 남자 그럼 나는 지금 어디에 있는지 알게 되지

 때로 간호사가 너의 이름을 물을 때마다 나는 가끔 걷는 것조차 잊어버리는 곳으로 갈 때가 있는데 거기선 영영 이편으로 건너오지 못할까 봐 쉴 새 없이 너의 이름을 되뇌어

 다시 배를 타고 돌아오는 길 네가 먹고 싶다던 초콜릿 하나를 사 주지 않아서, 그게 왜 자꾸 생각나는지 너는 모른다 가만히 누워 번쩍이는 바이털 사인 보는데

너는 내 손을 꾹꾹 눌러 준다 바람을 말고서 돌아온 오늘은 수런거리고 나는 숨이 가빠 오기도 한다 아주 잠깐 폭우 속 하얀 바다가 보이는데 며칠이냐고 재차 물으면

오늘은 오늘이라고 대답한다 나는 너의 손을 잡는다 너는 내 이름을 부르고 우리는 서로의 눈빛을 간직한다 구름이 몰려와 한소끔 소란이 인다

너는 내일도 오늘이 며칠인지 물어 올 것이다 우리는 기약 없는 기억을 나눠 갖는다 계절은 바뀌지 않고 기울어만 간다

어제오늘

그동안의 성원에 감사드립니다 생필품
상점은 몇 달째 오늘까지만
오늘까지만 점포 정리 중

면봉 한 봉 치약 한 개 알로에 마스크 팩 두 장
신중하게 물건을 고르는 너는 좌판 앞에서 올인원 샴푸 통을 들어 올리며 웃는다

그 웃음에 자꾸 눈길이 간다
집으로 가는 길목에서 고양이는 담벼락 너머로 사라지고 계단에 있는 꽃매미

꽃매미는 죽여야 된대
내가 발을 들자 네가 말린다

빌라와 빌라 사이 전봇대와 전봇대 사이
노을은 흐무러지고

달군 팬 위에서 달걀프라이가 익어 가는 동안 밤은 오고
저녁을 먹고 설거지하고 나면 싱크대에 물방울 떨어지는 소리

우리는 마스크 팩을 붙이고 누워
핸드폰으로 꽃매미를 찾아본다
봐 봐 나무의 즙액을 빨아 먹는 생태계 교란종이래 해충이래

너는 팩을 벗겨 주고 불을 끈다 선반에 놓인 접시가 말라 가는 사이 무더운 잠을 뒤척이다가 캄캄한 우리는

때 되면 해 뜨고 머리 감고 우유에 죠리퐁 말아 먹고 비타민 꼭꼭 챙겨 먹고 하품을 하고
낮 동안 잠깐 누우면 꿈은 날아가는 비행기
멍든 구름 위를 미끄러진다

우리는 느릿느릿 동네를 걷는다
고양이는 담벼락을 넘고
꽃매미는 보이지 않고

그동안의 성원에 감사드립니다
다시 생필품 상점 앞에 이르러 오늘까지

오늘까지만 생각하다 보면
하루를 더 살아 낸 기분이다

덥지? 묻자 너는 내게 팔짱을 끼며 말한다
더우면 더운 거지 뭐

여름이 속삭인다

끝나는 일도 없고
시작하는 일도 없다고
그림자만 길게 늘어진다

밤의 그늘은

흔들리는 나무
연착되는 비행기
밤새 하늘을 올려다본다
밤새 땅을 내려다본다

그늘은 반송 도장이 찍힌 우편처럼
선회하는 비행기
그들은 의아하다 안대를 벗고

에밋, 뭐가 그리 심각한 거야
엘리사벳, 잠을 자고 있었는데 얼굴들이 있었어 봐 봐
여기? 저기?
아니 여기 그리고 저기
거기는 캄캄하지?
눈부셔
거기는 높은 곳이지?

창밖은 새까맣고 작은 창에 묻어나는 온기

에밋, 불 끄고 눈 감으면 좁은 곳이지? 조금만 움직여도 벽이 닿는 곳
손에 감기는 살결 너를 안으면 보드라운 날개
엘리사벳, 웃어도 좋고 울어도 좋아 손을 잡자

옥탑에 발목을 심어 자라난다면 과연 날아갈 수 있을까
움직여 봐 조금씩
어둠도 오래 보면 초점을 갖게 될 거야

꽃매미가 가득해
지금 밖은 죽은 새들로 가득해
거추장스러운 갈비뼈는 툭툭 자르자

키득키득 반듯하게 접힌 편지 속 들려오는 웃음소리
서로에게 에나멜 이파리를 선물하자

빛을 무척 아낀 나머지 우린 언제나

밤이고
반복하여 선회하는 비행

도착은 계속해 넓어지고 회전하는 프로펠러
에밋, 괜찮아 어둠 속엔 모든 게 남아 있으니까 엘리사벳,

묘비의 입장에서
장미는 소멸일 뿐
두렵지 않아
돌아누워 가만히
가만히 등을 쓸어 주는 손결이 되는 거야

눈물이 흐르잖아 애쓸 필요 없어
죽은 새의 부리를 잘라 나눌 수 있다면

부록으로나마 우리는
각자의 마음을 채록하면서

타투처럼 우리는

추억할 수 있어

문득 날개가 있다는 걸
자주 문질러도 얼룩은 피어나고
헌책처럼 엮여 틈새를 비집고

날 수 있다는 걸 잊은 채 떨어지는 종이비행기

오래 추락하고 싶어
손을 맞잡고 기대면
손바닥을 펼치고 다시 천천히

나무에 앉아
뒷모습을 내다보면서

날이 온다

천천히

날아가자

연회석 완비

세계는 오래 불편했지. 삼키는 말이 많아질수록 아이스아메리카노는 밍밍해졌고. 어디로든 도망치고 싶었는데, 입술은 갈팡질팡해서, 따뜻한 아이스아메리카노를 주문했는데. 농담처럼 웃어 버렸을 때. 환영해. 여기는 벽을 밀어 버리고, 투명한 날개가 돋아나는 곳. 연회석 완비. 방명록의 올곧은 이름들을 넘기다 보면 녹슨 자물쇠가 열리고 옥상이 펼쳐질 거야. 그럼 도착한 거지. 에스프레소처럼 떨어지는 어둠이 있는 곳. 여기 갓 구운 빵. 형용할 수 없이 향기로운 맛. 이따금 모락모락 볕이 들 때도 있는데. 그럼 여기 양산처럼 접었다 펼 수 있는 그늘이 있어. 두 손으로 얼굴을 감싸고 가만히 있어 봐. 이태원의 전망 좋은 루프탑으로 널 데려갈 수도 있지. 그곳엔 국적을 알 수 없는 분위기가 있고 맥주병도 있어. 다만 비밀은 없어. 내밀해질 때마다 우리는 멀어졌잖아. 네온사인 아래 깜빡이는 너는 레트로니 뉴트로니. 아, 이 소리는 메트로 소리야. 백색 소음을 활용한 옥상 인테리어. 백사십 BPM으로 박자를 타는 메트로놈의 흥미진진한 걸음. 흩어지는 걸음들은 죄다 어디로 가는 건지. 밤하늘에 떠 있는 구름을 뭉치면 걸음 속으로 흘러 들 수 있어. 드문드문 바람 불면 너의 기쁨을 기록해 봐. 흘려 쓴 글씨체를 가져 봐. 저기 보여? 죽음을 사랑한 행성의 글자가 쏟아지고 있어. 글자와 글자가 충돌하는 순간을 본다면. 쾅! 끝을 정말 알 수도 있을 텐데. 자꾸 더듬거리게 되는 어둠. 마카롱 먹으면서 천천히 둘러보자. 휴일엔 말하지 않아도 여기 누워 한잔하자. 볼펜은 캄캄하고 비석은 견고하고 세계는 오래 불평했지. 아직 우리는 인트로인데 누가 또 온 것 같아. 향연이 흔들리고 있어. 이제 후—하고 바람을 불어 봐.

캘린더 넘기기 Φ

좀 더 적극적으로 사랑할 순 없겠어? 이런 사랑 얘기는 이미 수 세기 전부터 쓰인 이야기라고 호메로스나 셰익스피어나 뭐 그런
   전투적으로…

   너는 말한다
   뭐랄까 아방가르드적이고 전위적으로
   그런 전방위적으로 확산되는 전염병이라고나 할까

   그런 게 필요해
   뭉근한 열기 가득한 만두 같은 밤

   아닌 게 아니라
   너의 사랑에는 속이 없어

   너는 인상을 쓴다 어디든 천장은 있지
   누구나 다 그렇긴 하지
   옆구리가 터진 기분을 느껴 본 적 있지

우산을 잃어버린 적 있지 않아?
그렇지

누구나 다 그렇다고
그래
외워서 하는 사랑 말고
그래

이를테면 이런 대목에 대해 말하는 거야

누가 먼저 죽을래 하나 둘 셋 하면 같이 죽는 거다 한 날한시에 똑같이 공평하게 죽기다 하나도 두렵지 않은데 근데 먼저 죽으면 배신이다

그럼 지금부터
더 현실적이고 과학적으로 상상해 보자고
좀 더 혁신적으로
전력을 다해서

하는 거야

1.618평으로 만들어진 방에서
창문을 열어 다오

순전히 사랑을 위하여 전대미문의 사랑을 천문학적으로
전문적으로 황홀하게

펼쳐지는
세계

탁상 달력을 넘긴다
미래가 부쩍 가까워지면

나선의 밤은 가지도 오지도 않고 자꾸
사랑에 대해 덧붙이게 한다

오늘에 도달하기 위해
잊기 위해 기억하기를 멈추지 않는다

양말 구멍처럼 기억은 점점 커지고
아침은 버려지고
양말을 신고…

왜 그래
너는 꼭 전의를 상실한 패잔병 같구나

지루한 참호전 같은 거 말고
첩보 작전 같은
아슬아슬한 사랑
전속력으로 필사적인 모든

고혹스럽고 곤혹스러운
절정을 위하여!

사랑의 원자재값을 계산해 보자면 오늘이 며칠인지 가물가물하다

그런데 사랑은
어떻게 하는 거지?

그렇담 이제부터 더는 할 말이 없군 그래

우리는 끝내 어쩔 수 없지 사랑하기 위해서 손익 분기점을 넘기는 일이 얼마나 힘든지

보라고
달이 떴다고

전을 뒤집듯 서로를 위해 사랑의 선례를 지지고 볶는 거야 펼쳐진 도면은 구겨 버려

사람도 사랑도 단면은 아니잖아
피부가 많이 건조하구나 입체적인 수리를 좀 해야겠구나

서로의 몸을 칭칭 묶고
두 팔 벌려 각자의 면면을
나누고 예를 갖춰 예절을
갖자고

면과 면이 맞닿으면
모서리가 생기기 마련이니까

세레나데 부르면서
갖자고

불타는 캘린더
과거로 던져진 사랑

훌훌 날이 날아가며 온다
돌아온다 아직도 그날이고 오늘이고 늘 흩날린다
내일은
상이할 것만 같은
사랑의 자유는 일목요연하게 이성적으로 생각하는 게 그게 모두에게 이상적이고
다 그렇고 그렇다

나는 네가 괜찮다고 말할 때마다 무서워져

이상해
이룬 게 하나도 없이 탕진만 해 온 추억
없는 애정이 흑흑 흐느낀다

흑흑

사랑은 오래전부터
기다리고 있었어

나가자
손을 맞잡고 가끔

스크류바를 먹을 수 있다는 거 그거만큼 사랑스러운 일이 또 있을까 다음에는 하겐다즈 스트로베리 파인트를 사 먹자
누구에겐 아무것도 아닌 걸 수 있지만

좀 더 적극적으로 우산을 찾아보는 게 좋을 것 같다고 맑은 하늘을 상상하면서 눈을 감은 너는 물결이다

마지막으로 너는
지그시

자살하면 죽여 버릴 거야*
근데 어쩌면 서로를 간직하고 죽는다는 건 자살이 아니라 순교라고

문학 얘기는 그만하고 아이스크림이나 사러 가자
우리가 로미오와 줄리엣은 아니잖아, 속삭인다

골목에 빛이 드리운다
여름 하루 다 가는 동안 한낮이 조용하다

*영화 〈킬러들의 도시〉.

자작나무 껍질에서 유서가 자라난다

한 사람의 손목을 어루만질 때 자작나무 껍질같이 각질은 벗겨졌고
 마른 살갗의 냄새와
 가지런한 머리카락

꽝꽝 언 산을 오르듯 한 사람은 숨을 앓았다 잠시 돌아갈 곳에 대해 골똘히 생각하며 오랜 시간 눈을 감고 있기도 했다
 무슨 소슬한 꿈이라도 꾸는지

감긴 눈꺼풀이 꿈틀거렸다 타오르는 모닥불 앞에서
 자작나무 장작을 던졌고 한 사람은 불꽃의 온기를 손바닥으로 쓸어 담았다 아주 잠깐 부드러운 숨결을 내쉬었는데

다 타 버린 재가 소복했다 자작자작 밤이 맺을 듯 한 사람은 남은 불씨를 바라보았다

눈물은 단단치 못해서 마음이 단단해질 때까지 두 손 모았다

연기가 벽화를 새기는 밤
꿈에서 구름을 따라갔는데 숨을 다 채우지 못한
한 사람의 희끄무레한 입술이 화장한 듯 마냥 곱기만 했다

홀연한 숲

단단히 묶여 있던 밤이 풀어진다
장작불을 피워 주는 당신이 있다

캄캄한 밤
고요한 숲
차 한 잔을 건네는 당신과
맞물려 뛰는 심장 박동 소리

차 한 모금에
마음이 뜨듯해지다가도

식을 줄 모르고 김이 오르는 차와
하염없이 머물러 있는 당신이
목이 부은 느낌처럼 불편해서

나는 가을 숲의
싸늘함을 느낀다

차가 식으면 당신은 찻잔에
따뜻한 차를 채워 준다

나는 울타리를 만들기로 한다

숲을 휘젓고 다니다가
도끼를 발견한다

두 팔로 안으면 꼭 맞는
나무를 발견한다

그루터기가 탄생하면
당신의 하얀 표정이 두 동강 나고

밑동만 남은 나무의 홀연에 대해
그림자 없는 벌판에 대해

둘레를 친 나는 사라진 당신과

울타리 안에서 남은 밤을

있다와 없다 사이의 굴레를
배회한다

바람 불면 메마른 잎 흐트러지고
배시시 흩어지는 당신

손바닥에 손가락으로 원을 그리면
알싸한 향기로 흘러오는 당신은 빙빙

아무것도 모르는 척
사이는 언제나 이유 없이 호의롭지

소리 없이 밤을 뒤척이게 하는
꺼져 가는 불 앞에서
매듭지어지는 음 하나

내 손을 잡던 당신의 더운 손
나무와 나무 사이에서 손짓한다

수몰

장마에 떠내려간 당숙은 가끔 시가 뭐냐고 물었습니다
철근을 자유자재로 접었다 펼 수 있는 그런
기술 같은 게 있느냐고

담벼락에 줄줄이 불개미들
라이터를 켜면 후두둑
균열이 일 텐데

당숙 마음은 어떨지 모르지만
그럴 용기는 없습니다

개미가 혈관 속을 기어가는 것만 같습니다
오늘 막으면 내일 뚫려 있을 개미굴
당숙이 응시합니다

매년 돌아오는 태풍
사라지기 위해

한동안 애끓는

다리 잃은 개미는 죽음보다 앞서 있습니다
그것을 바라보는 마음이
지그시 개미를 밟습니다

숨을 들이마시다 멈추면
구름이 됩니다
세상에서 가장 무거운 구름

가벼워진다는 것은
차오르는 빗소리 같아서
손을 뻗으면 햇살 풍성한 이파리가 될지도

흩어지는 담배 연기가
형광등 커버에 몰려 있는 벌레가 될지도
모르겠습니다

쏟아지면서
망설이는 여름

나는 차오릅니다
매일매일
땅 위에서

당숙이 웃습니다 모래 가득 실은 용달차 끌고
다리를 건너갑니다

에즈

비가 내릴 듯 말 듯 머뭇거린 날
아보카도씨에서 초록빛이 움튼 날

영혼이라고 하면 아름답거나
귀신이라고 하면 좀 무서워지는

에즈 에즈

납골당에 모인 사람들
햇볕이 들자 검은 옷을 벗는다

우두커니 서서
그늘이었다가
잎사귀였다가
바람이었다가

두리번거리게 되는 한낮
천천히 반대편으로 기울고 있다

그곳에서 커튼을 걷고 아침을 맞이할 사람들을 상상하면
　항아리 안의 당신도 그중 한 사람일 것 같다

　훌쩍이는 사람의 어깨를 다독여 주는 사람
　옆 사람의 어깨에 머리를 기대는 사람

　서로의 손을 잡으면
　항아리 모양으로 포개지는 어둠

　가까이 있는 기분 속에서
　마음 가는 쪽으로 걸음을 점찍는다

　에즈 에즈
　걷고 걷다 보면 부드러운 바람이 부는 숲길에서 우리는

넘을 수 없는 세계를
내일을 맞이하고

내 안에 당신이 움트는
이해할 수 없는 느낌이 간지러워서
미소 짓게 된다

에즈 에즈

창을 투과한 빛
놓여 있는 항아리

더 멀리까지 갈 수 있게 된다

레스

에어컨을 켜고 이불을 덮고 누워 소설책을 본다
『한여름 천사 잡기』
표지에는 여러 모양의 잎사귀가 그려져 있다 자세히 보면 날개 모양 무늬도 있다
번역된 소설의 주인공 오이대왕 레스를 쫓는다
페이지는 사라지고 의미가 녹아내린다

그것이 뭔지 알고 싶은데
자꾸 눈이 감기고
책의 페이지가 **빠르게** 넘어간다

바람 불어오면 선명해지는
내 몸의 윤곽선

풀 냄새 가득 빛으로 태어난
눈 감아도 빛나는 새 떼
여름 천사의 냄새

여름은 천사가 건넨 오이
손바닥이 서늘해지고
펼쳐지는 파라솔
파라솔은 책갈피
오소소 돋아나는 닭살
천사의 날개는 씨앗이 되고
움튼 씨앗은 키위가 되고
키위를 베어 물면
먼 곳에서 딱따구리가 나무를 쫀다

흔들리는 천사의 그림자 나는 무한한 나는 무성한
 나는 나무에서 나무로 저 나무에서 이 나무로, 길게
늘어진 전선줄처럼
 새들만의 숲길을 느낀다

지저귀는 새들은 계속 꿈속으로 귀 기울이게 한다

코를 간질이는 느낌에 재채기를 하면

새 떼가 날아오르고 아아

여름 천사
오이
솔솔 연둣빛 바람

누가 다녀간 걸까
벤치에 앉은 나는 두리번거리다가
손을 뻗는다

투과하는
여름
흰빛

뚝
에어컨 물방울이 떨어진다
눈을 뜬 나는 침을 닦는다

천장에는 별 모양 스티커
창을 열면
트럭 과일 장수의 확성기 소리
하늘엔 비행운
희미해진다

사물처럼
여름 한낮의 길목
레스 레스

담벼락에서 매미가 울기 시작한다
밤이 오려면 아직인데
가로등은 이미 켜져 있고

세상의 모든 안녕

금붕어 한 마리
물속에서 천천히 떠오른다
손바닥 위에서 반짝이는 빛

옆모습만 떠올라서
정면으로 처음
마주 본 금붕어

잘 가
응 그래 잘 가

입술을 열자 방울처럼 떠오르는 시간 속
짝꿍은 공중에 멈춰 있고,
선생님은 바닥에 흥건한 시간을 모래로 쓸어 덮는다

잘 가
짝꿍의 얼굴은 물감처럼 번지고
금붕어처럼 천천히, 손가락 사이로 미끄러진다

누군가 목을 매 죽었다는 나무 그네를 지나면서
음

그네에 앉아 끝의 끝까지 나를 밀어 올려 보면서
음

저 동상은 밤마다 몰래 눈물을 흘린대
소문만 무성한 놀이터엔 묵음이 가득하고
그네에 앉아 텅 빈 그네를 바라보다가

짝꿍의 옆모습을 오려서 마주 보면
우리를 계속 살아 있게 하는 건 뭘까
죽음
음

고대 이집트에선
영혼이 깃들 수 있는 몸을 온전히 남기기 위해

몸을 정면으로 그렸다고 한다

신 앞에 서면
무엇이든 꺼내 보게 되고
고백을 꺼내면
가볍게 떠오르는 금붕어

지느러미 같은
흐늘흐늘한 형상

나에게 쓴 편지를 타임캡슐에 넣고 창고의 문을 닫
았다
   삼십 년 뒤에 전교생이 열어 본다고 했는데
   문을 열었다는 소식은 없다

갑자기 이편과 저편의 경계가 사라져서
짝꿍을 마주한다면
어떤 말을 할 수 있을까

음

손을 내밀어야지
손을 잡아 줘야지

이집트 사람들은 죽음 이후 또 다른 삶이 이어진다고 믿고
벽화를 그렸다고 한다

슬픔은 옆이 많고
금붕어가 뻐끔거리고 있다

입술을 연다
꿈속 같기도 물속 같기도 한데
뻐끔뻐끔
    금붕어가
        뻐끔거린다

뻐끔…
    뻐끔거리는 금붕어
            곁으로
                헤엄쳐 간다

                천천히
                    물결처럼 번져 간다

해설

―――――――――――

우리가 보낸 한 시절을 오직
기쁨만으로 이야기할 수는 없을 것이다.
임지훈(문학평론가)

해설

우리가 보낸 한 시절을 오직 기쁨만으로 이야기할 수는 없을 것이다.

임지훈(문학평론가)

 당신을 알고 지낸 지도 어언 십여 년의 시간이 흘렀습니다. 아실지 모르겠지만 오래전부터 나는 당신의 시를 읽을 때마다 여름을 떠올리곤 했습니다. 그건 아마 내 기억 속 이십 대인 당신의 모습이 화창한 여름날처럼 환한 모습이었기 때문이기도 하겠고, 우리가 함께 보낸 여름 가운데 유독 기억에 남는 나날들이 많았기 때문이기도 할 것입니다. 어쩌면 나는 당신의 시를 읽으며 당신과 함께 보낸 한 시절을 함께 읽었던 걸지도 모르겠군요. 그러고 보니 이 글을 쓰고 있는 지금도 여름입니다. 한때의 호우도 지나가고, 여름의 끝을 향해 시간이 제 발걸음을 옮깁니다. 늦은 열대야와 밤벌레의 울음소리가 아직 여름이 끝나지 않았음을 속삭이기도 하는군요. 당신이 지내는 그곳은 어떤가요. 당신은 여전히 여름 안에 있습니까.

 여름이 시작될 무렵 당신의 첫 시집에 대한 소식을 듣게 되었습니다. 오래도록 기다려 온 시집이 여름에 소식을 전해 오는 걸 보니, 앞으로도 오래도록 당신과 여름이 함께인 채로 남을 것 같다는 생각이 듭니다. 하지만 그 여름을 오직 기쁨만으로 이야기할 수는 없을 겁니다. 분명한 환희 속에 불분명한 불안이 잔뜩 도사리고 있던 시절이었으니. 그래요, 우리가 함께한 여름은 아름다움만으로 가득했던 시절은 아니었습니다. 신록의 푸르름이나 아침마다 부서지는 찬란한 햇살, 들판에 피어난 연둣빛 같은 것이 우리의 여름에 없었다는 이야기는 아닙니다. 단지, 어떤 젊음은 피어남보다 앞서 시듦을 감각하고, 때로는 누군가의 갑작스런 시듦을 원치 않는 때에 목도하기도 한다는 이야기입니다. 우리가 지낸 젊음의 한 시절이란 그런 시듦으로부터 시작했기에 자신의 시듦에 예민할 수밖에 없는 시간이었던 셈입니다. 그런 사실들을 모두 도려내고서 오직 기쁨과 환희만으로 우리가 보낸 시절을 이야기할 수는 없을 거라는 생각을 새삼스레, 당신의 시를 읽으며 하게 되었습니다.

    검은 봉지에 자두를 담아 집으로 간다
    장마가 끝난 골목에는
    더운 공기가 가라앉아 있다

    자두를 한입 베어 물자

시큼한 물이 바닥에 떨어진다
가로등 아래 핏빛 웅덩이를 본다

여름에는 옷이 짧아지고
친구 애인은 방에 쪼그리고 앉아 매니큐어를 바르고, 친구는 샤워를 한다 원룸에 얹혀사는 나는 옷가지를 개고 옷 냄새를 맡아 보고

여름이니까 괜찮아

불 끄고 누워 냉장고 돌아가는 소리를 듣는다
여름밤에는 자꾸 뒤척이게 되고
며칠간 뒤집어 널어도 마르지 않을 방

슬며시 이불이 둘 쪽으로 끌려간다
어둠은 포개진 너희의 표정을 떠올리게 한다

마지막으로 먹은 과일이 뭐였지?

나는 모기 물린 부위를 긁지도 못하고
얕은 수면 위에서 아낄 수 있는 목록을 떠올린다

냉장고에 붙은 치킨 쿠폰 아홉 개
　　냉장고 안에는 먹다 남은 감자튀김, 유통 기한 지난
홍삼정, 필라이트 몇 캔, 자두 몇 알…

　　꿈결 속에서 모든 저녁은 자두만 해져서
　　한입 베어 물기에 딱 알맞았다
　　나는 잘 익은 저녁을 따서 품에 넣었다

　　자두를 씹을 때마다
　　손을 타고 흐르는 과육

　　버려진 화분뿐인 골목에서
　　쟁쟁 매미는 울고

　　아침이면 싱크대에 버려진
　　자두씨 몇 개

　　살 발라진 자두씨가
　　주머니 가득 쌓이는

　　여름
　　밤마다

말캉한 자두를 크게 한입 베어 물었다.

—「썸머타임」 전문

 그래서일까요. 당신의 시집에 유독 자주 등장하는 두 개의 단어 앞에서 나는 한동안 잊고 있던 낯익은 감각을 느끼곤 하였습니다. '여름'과 '빛'이라는 단어가 그것인데, 그 단어들은 일상적인 느낌보다는 약간의 불안감을 함유하고 있는 것으로 읽히곤 했기 때문입니다. 당신의 여름은 분명 "넘칠 듯 빛나고"(「그립」) 있고 "울창한 소나무 가득한"(「소나무와 천사」) 모습임에도 나에게는 그것이 종종 매우 야위고 메마른 모습으로 읽히곤 했습니다. 여름밤의 모습을 그려 낸 「썸머타임」이라는 시가 그러했듯이. 이 시에서 당신은 짧아진 친구의 옷차림과 방 안 가득한 매니큐어 냄새 같은 요소들을 잘 익은 자두의 모습과 한데 묶음으로써 한여름의 달뜬 기분을 소묘하고 있지요. 하지만 우리가 보낸 젊은 날의 한여름이 그러했듯이, 그 달뜬 기분은 펼쳐질 새도 없이 그들이 존재하는 작은 방보다 더 작게 수축하는 것처럼 느껴졌습니다. "모든 저녁은 자두만 해져서"라는 표현 때문이기도 하겠고, 그 너머에 펼쳐진 풍경이 고작 "버려진 화분뿐인 골목"이기에 더욱 그러한 것이겠지요. 그래서 이 향긋하고 달뜬 한여름 밤에 대한 묘사는 왠지 모를 두근거림과 함께 그 두근거림이 채 피어나지 못할 것만 같은 쓸쓸한 기분도 함께 전달하는 것 같았습니다.

그래서 나는 이 시가 우리의 젊은 날을 닮아 있다고 느낍니다. 어떤 젊음에게 여름은 버거운 계절이기도 했으니까요. 여름이 강요하는 달뜬 기분에 온전히 젖어 들 수는 없으면서 그렇다고 그 기분을 완전히 모르는 체할 수는 없었던 애매했던 날들처럼. 텔레비전을 틀면 매일 매시간 환희와 기쁨에 들뜬 사람들의 모습이 파란 하늘을 배경 삼아 우리에게 쏟아졌지만, 그런 풍경들은 왠지 조금쯤 먼 세계의 일들인 것만 같이 느껴졌습니다. 그건 우리의 현실이 냉장고 안에서 천천히 자신의 시간을 잃어 가는 사물들에 보다 가까웠기 때문일지도 모릅니다.

사실 나는 아직도 그날의 젊음이 버겁습니다. 삼십 대를 지나 마흔에 가까워지는 때에 이르러서야 나는 비로소 안도할 수 있었습니다. 젊은 사람에게 강요되는 것들을 나는 도저히 받아들일 수도, 모르는 체할 수도 없었기 때문입니다. 어쩌면 당신도 그랬는지 모르겠습니다. 그래서 우리는 한여름의 달뜬 기분 속에서도 버려진 화분에 오래도록 시선을 빼앗기고, 싱크대에 버려진 자두씨 몇 개가 천천히 말라 가는 모습에 오래도록 마음을 빼앗겼던 것일 테지요.

    전시회의 하얀 스크린에
    공원이 비쳤다
    거기엔 벤치 하나가 덩그러니 놓여 있었고

    잎사귀 무성한 나무 그늘의 윤곽선 앞
    여름이 넘칠 듯 빛나고 있었다

    호수에서는
    아름다운 클래식 음악에 맞춰
    분수의 물이 날아오르고

    나는 공원 벤치에 앉아 있는 것만 같았다

    느껴 본 적 없는 하늘 아래
    그 여름을 향해
    손을 뻗었다

    싱싱한 잎을 따서 품에 간직하고 싶은데,
    나의 옷깃 아주 깊은 안쪽

이파리가 움트는 것이 생생히 느껴졌다

잎사귀 끝에서 끝으로
뚝뚝 빗방울 떨어지고

나는 내가 점찍어 놓은 곳에 떨어지는
빗방울을 바라보았다
피아노 건반을 누르는 감각처럼

차오르는 초록 잎과 눈 감은 바람과
공명하는 두 개의 그림자

여름 쪽으로 흘러가다가
이미 쥐어 본 적 있는 여름이란 걸 알았을 때
마음에선 나무 냄새가 났다

지면이 젖은 공원에
햇볕이 드리웠다

천장에 달린 프로젝터를 바라보자
눈부신 빛이 쏟아져 나왔다

하얀 스크린에는 한 번도 본 적 없는
그림자 하나가

덩그러니 남아 있었다
엎질러진 물처럼

여름이 쏟아져 있었다
—「그립」 전문

 그래요. 우리가 바랐던 여름은 우리의 것이 아니었습니다. 슬프지만, 지나고 나서야 그것이 선명하게 보입니다. 우리가 바랐던 여름이란 아마 그런 것이 아니었나 싶어요. "잎사귀 무성한 나무 그늘" 위로 "넘칠 듯 빛나고" 있는 하늘, "아름다운 클래식 음악에 맞춰/분수의 물이 날아오르"는 청명한 모습 사이로 어디선가 흘러온 바람에선 나무 냄새가 흩어지는 그런 여름. 푸르고 청명한, 그 안에 한 자락의 여유를 감춘 풍경 말이에요. 하지만 우리에게 그 여름은 늘 우리의 것이 아니었습니다. 여느 청춘이 그러하듯 우리에게 여유는 좀처럼 허락될 수 없었고, 우리가 비로소 여유 아닌 여유를 맛볼 수 있는 건 퇴근길 버스나 지하철을 기다리던 한쪽짜리 순간뿐이었으니까요. 그렇기에 당신도 그 풍경을 "느껴 본 적 없는 하늘"이라 말하고는 "그 여름을 향해/손을 뻗었"던 것이겠지요.

하지만 우리는 결국 그 여름에 가닿지는 못했다는 생각이 듭니다. 그건 '지금'이라는 시간 속에서는 결코 거머쥘 수 없는 시간이었을 테니까요. "이미 쥐어 본 적 있는 여름"이라는 걸 가까스로 깨닫듯이 그 시간은 늘 이미 지나가 버린 풍경이었거나 혹은 미래에 대한 기대와 예감 속에서만 현전할 수 있는 추상적인 시간에 불과했어요. 어쩌면 우린 처음부터 그걸 알고 있었는지도 모릅니다. 그렇기에 우리는 우리 앞에 정말로 그런 시간이 도래했을 때에도 그늘 아래 쓰러진 매미의 모습이나 햇볕에 타 버린 잎사귀의 끄트머리 같은 것에 시선을 빼앗기곤 했던 것이었겠지요. 마치 그 시간은 아직 우리에게 허락되지 않았다는 듯이.

어쩌면 당신의 '시'가 나로 하여금 생각나게 만들었던 그 여름은, 우리가 그토록 갖고 싶었지만 끝내 가질 수 없었기에 우리 영혼 속에 각인되고 만 상처 같은 것이 아닐까 생각합니다. 생각해 보면 우리의 젊은 날은 무던히도 바빴고, 한편으로는 그 바쁨을 사랑하기도 하였지요. 그토록 여유를 갖고 싶다는 생각에 시달리면서도 잠시라도 빈틈을 허락하지 않으려고 이런 저런 궁리와 구상에 하루를 보내기도 하였고요, 그마저도 안 되는 날이면 술로 날을 지새우는 경우가 허다했지요. 그게 젊음이라고 서로를 위로하면서도, 사실은 그게 아무런 의미도 없는 시간일 것만 같아 두려움에 사로잡히기도 했고요. 왜 그랬을까요? 왜 우리는 그토록 열심히 인생을 살면서도 잠시의 휴식조차 스스로에게 용납할 수 없었던 걸까요. 자기혐오, 그런 감각이었던 걸까요? 왜 우리는 그토록 타인의 실수에는 너그러우면서, 정작 최선을 다했던 자신에게는 너그러울 수 없었던 걸까요.

    아주 늦게 귀가하는 심정으로
    나의 궤적을 떠올려 보면
    나는 구두를 벗고 나는 양말을 벗고 나는 맨발로
천천히

    나는 저수지의 어둠 속으로 들어가다가 아차차
    나는 구두 방향을 가지런히 돌려놓고

    발이 닿지 않는 물속에서 고백한다
    양말아 나를 용서해 줄 수 있겠니

—「지난밤 얻은 감기가 아직 목덜미에 젖어 있어요」
부분

나는 네가 괜찮다고 말할 때마다 무서워져

이상해
이룬 게 하나도 없이 탕진만 해 온 추억
없는 애정이 흑흑 흐느낀다
—「캘린더 넘기기 Φ」 부분

  그건 우리가 지나온 젊음이 사람들이 말하는 '청춘' 같은 것과는 조금 달랐기 때문이 아니었나 싶어요. 우리에게 젊음이란 누리는 것이 아니라 앓는 것이었다는 생각이 듭니다. 타인이 정의한 '젊음'에 귀 기울이면서도, 정작 자기 앞의 '젊음' 앞에서는 한없이 움츠러들었던 그 모습 말입니다. 당신의 시 속에 등장하는 젊음들이 한낮의 여름 속에서 한 폭의 아름다움을 전시하며 그 여운을 길게 남기고 있음에도, 또 다른 한낮의 여름 속에서는 '에밋'이나 '엘리사벳'과 같이 시들어 가는 아름다움이 그 여운을 길게 남기고 있는 일이 우리의 삶에선 항상 동시적으로 일어났다고 한다면 정확할까요.

어쩌면 바로 그 양면이 우리가 보낸 젊음이었고, 그래서 당신은 지금 여기에서 그 '여름'을 한 권의 시집으로 접어 고이 날리고 있는 걸지도 모르겠다는 생각이 들었어요. 어쩌면 이 시집은 그날을 함께 했던 사람들에게 건네는, "여름의 무르고 달고 축축하고 검은 포도 알맹이를 나눠"(「화곡」) 주는 일과 같으리라는 생각이 듭니다. 중요한 건 그 포도 알맹이를 나눠 가질 수 있는 사람들이 비단 우리뿐만은 아니라는 사실이겠지요. 정의되고 박제된 '청춘'이라는 단어에 시달리듯 살아가는 사람이라면 누구나 그 무르고 달고 축축하고 검은 포도 알맹이를 나눠 가질 자격이 있는 것이겠지요. 그래서 나는 이 시집이 지난날에 대한 기억을 단순히 회고하는 것이 아니라, 지금의 시간 속에서 다시금 셈하며 '청춘'이라는 주박으로부터 자유로워지고자 하는 선언으로 들리기도 합니다. 아주 약간은 쓸쓸한 기분이 들지만, 그렇게 우리는 또 다른 시절로 나아가게 되는 것이겠지요.

> 묘비의 입장에서
> 장미는 소멸일 뿐
> 두렵지 않아
> 돌아누워 가만히

가만히 등을 쓸어 주는 손결이 되는 거야

눈물이 흐르잖아 애쓸 필요 없어
죽은 새의 부리를 잘라 나눌 수 있다면

부록으로나마 우리는
각자의 마음을 채록하면서
타투처럼 우리는

추억할 수 있어

문득 날개가 있다는 걸
자주 문질러도 얼룩은 피어나고

헌책처럼 엮여 틈새를 비집고
날 수 있다는 걸 잊은 채 떨어지는 종이비행기

오래 추락하고 싶어
손을 맞잡고 기대면
손바닥을 펼치고 다시 천천히

나무에 앉아

뒷모습을 내다보면서

날이 온다

천천히

날아가자
—「밤의 그늘은」 부분

 그래도 잘한 일이 있다면, 그건 우리가 그토록 무거웠던 스스로의 책임감과 매일매일 찾아오는 불안감에 시달리면서도 끝내 서로의 시간을 잘라 나눴던 일이 아닐까 싶어요. 그건 비록 돌이킬 수도, 돌아갈 수도 없는 것이지만 그래도 우리는 그 시간을 함께 나누어 "각자의 마음을 채록하면서", 지금 여기에 가까스로 도착했으니까요. 그래도 살아남았고, 그래도 스스로를 포기하지 않았으니까요. 때로는 감당할 수 없는 슬픔이 우리 앞의 문을 두드리기도 했지만, 그때마다 우리는 "죽은 새의 부리를 잘라" 나눠 가지며, 지금 여기에 비로소 도달한 것만 같다는 생각이 들어요. 비록 지금 우리가 누리는 시간이 비행의 시간이 아니라 길고 긴 추락의 시간이라 할지라도, 나도 당신과 같이

"오래 추락하고 싶"다는 생각을 해 봅니다. 적어도 함께 그 추락을 감각하고 나눌 수 있는 '우리'가 존재하는 한은 말이지요.

그래요, 어쩌면 추락의 시간마저도 '우리'라는 이름 속에서는 다시금 셈해질 수 있는지도 모르겠어요. 지면에 맞닿아 산산이 조각나기를 기다려야 하는 시간이 아니라, 평생을 중력에 묶여 살았던 우리가 잠시나마 날아오르는 기분을 느낄 수 있는 시간으로 말이지요. 혹은, 우리를 그토록 시달리게 만들었던 불안에 잠시 몸을 내어 주곤 늦은 열대야 속에서 여름의 기분에 한껏 취해 보는 일처럼 말이지요. 우리의 모든 슬픔과 고통 속에서도 시간은 천천히 제 속도로 우리를 이곳에 다다르게 만들었으니, 설령 지금 우리의 시간이 한낱 추락에 불과할지라도, 시간은 여전히 천천히 제 속도로 흐를 테니까요. 어쩌면 우리는 오늘에 이르러서야 비로소 추락의 시간마저도 이해하고 감당할 수 있는 시간에 도착했는지도 모르겠습니다.

생각해 보면 우리가 그날 앓았던 불안에는 아무런 실체도 없었던 것 같습니다. 무언가 잘못된 일이 금방이라도 벌어질 것 같은 예감은 매일매일 우리를 찾아왔지만 실제로 그런 일이 일어난 건 정말 드문 일이었지요. 누군가와 멀어질 것만 같은 기분도 매일매일 우리를 찾아왔지만 그건 생각해 보면 너무나도 당연하고 흔한 일에 불과했어요. 반대로 말하자면, 우리가 앓았던 불안감의 실체란 우리가 그만큼 그날의 우리를 그토록 사랑했기 때문일지도 모르겠다는 생각이 듭니다. 그렇지 않나요. 너무 소중한 것을 손에 쥐고 있을 때면, 만족감 대신 불안감의 크기가 훨씬 커져 버리곤 하는 일처럼, 누군가와 맞잡은 손에 따스한 온기를 느끼면서도 동시에 그 안에 깃든 둥그스름한, "항아리 모양으로 포개지는 어둠"(「에즈」)을 감각하는 일처럼.

> 훌쩍이는 사람의 어깨를 다독여 주는 사람
> 옆 사람의 어깨에 머리를 기대는 사람
>
> 서로의 손을 잡으면
> 항아리 모양으로 포개지는 어둠
>
> 가까이 있는 기분 속에서
> 마음 가는 쪽으로 걸음을 점찍는다
>
> 에즈 에즈
> 걷고 걷다 보면 부드러운 바람이 부는 숲길에서 우

리는

넘을 수 없는 세계를
내일을 맞이하고

내 안에 당신이 움트는
이해할 수 없는 느낌이 간지러워서
미소 짓게 된다

에즈 에즈

창을 투과한 빛
놓여 있는 항아리

더 멀리까지 갈 수 있게 된다
─「에즈」 부분

 그래요. 우리가 지나온 젊은 날을 오직 기쁨으로만 이야기할 수는 없을 겁니다. 그때에 우리는 언제든 죽을 수 있을 만큼 힘들었고, 죽음이라는 것이 얼마나 우리 생에 가까이 접해 있는지도 새삼스레 알게 되었으니 말이에요. 그런 날도 있었지요. 누군가의 죽음 앞에 나의 살아 있음을 이해할 수 없어 슬픔에 젖어 드는 날들이요. 그러니 우리가 지나온 시간을 오직 기쁨으로만 이야기한다면 그건 우리가 견뎌 온 시절에 대한 실례가 아닐까 생각하곤 합니다. 우리는 힘들었고, 괴로워했으며, 기쁨보단 슬픔에, 환희보다는 고통에 조금 더 가까운 시절을 지나 지금 여기에 가까스로 도착한 것이니 말입니다. 그럼에도 당신은 이렇게 말하지요. "내 안에 당신이 움트는/이해할 수 없는 느낌이 간지러워서/미소짓게 된다"고요, 그렇게 함으로써 우리는 "더 멀리까지 갈 수 있게 된다"고요. 그 말은 '죽은 사람은 산 사람의 마음속에 남아 오래도록 살아간다'라는 말과는 다른 질감과 물성을 가진 것이어서, 우리가 경험한 사실을 전혀 다른 진실로 태어나게 해 줄 것만 같은 기분이 듭니다. 문득 그때에 당신이 지었을 미소를 떠올리며 당신의 마음을 헤아려 보기로 합니다. 그러고는 그 미소 뒤에서 "눈물은 단단치 못해서 마음이 단단해질 때까지 두 손"(「자작나무 껍질에서 유서가 자라난다」) 모으고 있는 당신의 모습을 그려 보기로 합니다.

그래도 이제는 그 미소가 마냥 불안하기만 하진 않습니다. 그건 당신이 '우리'를 만드는 방법이라는 걸, 이 시집을 읽으며 비로소 알게 되었으니까요. 함께 슬퍼하기, 그럼에도 먼저 미소를 건네주기. 당신이 그날의 '여름'을 오래도록 감각하며, 단지 기쁨만으로 그날을 설명하지 않는 이유도 그와 닮아 있으리라는 생각을 해 봅니다. 그건 당신의 방식으로 젊은 나날을 지나온 '우리'를 향해 그 시절을 다시금 기억하며 함께 슬퍼하고 먼저 미소를 건네주는 방식이 아닐까 싶어요. 생각해 보면 당신은 늘 그랬지요. 말이 아니라 존재로 당신은 늘 '나'와 '당신'을 '우리'로 셈해 주곤 하였지요. 내가 당신의 무게를 짐짓 모르는 체하는 걸로 배려를 대신하였듯이 당신은 옅은 미소를 짓는 것으로 배려를 대신하였다는 생각이 듭니다.

어떤 사람의 말은 사회적 의미가 아닌 그 사람의 인격을 통해 비로소 완성된다고 하더군요. 나는 당신의 시집을 읽으며 그 의미를 다시금 생각해 보게 되었어요. 내가 당신의 시를 깊이 읽을 수 있는 건 내가 당신을 그만큼 알고 있기 때문이라는 생각. 하지만 한편으로, 당신의 시를 읽으면 읽을수록 나는 여전히 당신에 대해 '충분히' 알고 있지 못하다는 생각도 들어요. 어떤가요, 내가 읽어 낸 당신의 의미란 정말로 당신과 닮아 있나요? 아니면 단지, 내가 바라는 모습을 그려 낸 것에 불과할까요. 아마도 이 질문에 대한 답은 선뜻 내려질 수 없겠지요. 그러니 대답 대신, 당신이 앞으로

도 오래도록 좋은 시를 써 주기를 바란다는 말을 하고자 해요. 당신의 인격이 시의 의미를 완성하는 것이라면, 역설적으로 당신의 더 많은 시가 우리 앞에 도착함으로써 당신에 대해 '우리' 또한 더 많이 알게 될 테니까요. 당신의 생각보다 더 많은 사람들이 당신을 궁금해하고 있습니다. 앞으로 더욱 그렇게 될 것이고요.

그러니 우리 이제 내일로 나아가 볼까요. "천천히/물결처럼 번져"(「세상의 모든 안녕」) 가듯이, 천천히 그러나 확고한 마음으로. 내 것이 아니었던 젊음에게 미소 지으며. 안녕, 안녕. 나의 오래된 슬픔들. 오직 기쁨만으로 이야기할 수는 없을 그 시간들…….

외워서 하는 사랑 말고
2025년 11월 19일 1판 1쇄 펴냄

지은이	정보영
펴낸이	김성규
편집	조혜주 최주연 권은하 한도연
디자인	신혜연
펴낸곳	걷는사람
주소	경기도 용인시 기흥구 동백중앙로 358-6, 7층 (본사)
	서울 마포구 월드컵로16길 51 서교자이빌 304호 (지사)
전화	031 281 2602 / 02 323 2602
팩스	02 323 2603
등록	2016년 11월 18일 제25100-2016-000083호

ISBN 979-11-7501-034-5 04810
ISBN 979-11-89128-01-2 (세트)

* 이 책은 경기도, 경기문화재단의 지원을 받아 발간되었습니다.
* 이 책 내용의 전부 또는 일부를 재사용하려면 반드시 지은이와 출판사의 동의를 얻어야 합니다.
* 잘못된 책은 교환해 드립니다.